Karl Müller

August Wilhelm Eichler

Ein Nachruf

Karl Müller

August Wilhelm Eichler
Ein Nachruf

ISBN/EAN: 9783743386402

Hergestellt in Europa, USA, Kanada, Australien, Japan

Cover: Foto ©ninafisch / pixelio.de

Manufactured and distributed by brebook publishing software (www.brebook.com)

Karl Müller

August Wilhelm Eichler

August Wilhelm Eichler.

Ein Nachruf

von

Dr. Carl Müller.

Nebst

einem Verzeichnisse der Eichler'schen Werke

von

Dr. J. Urban.

Cassel, 1887.

Druck von Friedr. Scheel.

Separat-Abdruck

aus dem

„Botanischen Centralblatt". Band XXXI/XXXII. 1887

August Wilhelm Eichler.

„Ausgestritten, ausgerungen ist der grosse, schwere Streit,
„Ausgekämpft das Ziel der Zeit" — — —,

das war das Leitmotiv aller Empfindungen, welche uns am Morgen des 2. März bewegten, als uns die Trauerbotschaft traf: „Eichler ist todt, Eichler hat nun nach langen Leiden seine irdische Laufbahn beschlossen." Ja es waren Empfindungen mannichfaltiger Art, die uns durchwogten, die sich aus einem Durcheinander von Erinnerungen, helleren und matteren Bildern, bestimmteren und verworreneren Gedanken immer und immer wieder zu wehmuthsvollen Stimmungsmomenten gestalteten. Da dachten wir wohl an den Verschiedenen, wie er in der Fülle der Manneskraft vor nur wenigen Jahren zu uns gekommen, da dachten wir an den bleichen und gebrochenen Kranken, wie wir ihn auf dem hoffnungslosen Lager leiden gesehen, da dachten wir an den Todten, den der warme Hauch des Lebens nun verlassen, da dachten wir an die Grabesstille und die ewige Ruhe, die ihn nun bald und, ach, auf ewig umfangen sollte; dann gedachten wir der untröstlichen Wittwe, der weinenden und wehklagenden Kinder, eines schwer geprüften Vaters und trauernder Geschwister; dann richtete sich unser Blick auf uns selbst im Verhältniss zu ihm, der in unserer Mitte gewirkt, und immer und immer wieder wollte es uns scheinen, als wenn wir nun da in ein leeres Nichts hineinstarren und hineindenken, wo uns bis dahin der Lebende entgegentrat, der uns auf ewig, ewig entrissen ist.

Aber so will es eine weise, unerforschlich-unbegreifliche Vorsehung: da wo die Wolken trüber Empfindungen sich am dichtesten häufen, da sind die Strahlen eines Hoffnungssternes um so lichter. Ist uns denn Eichler todt, ist uns nur ein Nichts an seiner Statt geblieben, ist nur die grosse Leere, die Lücke in unserem Kreise da? Nein und abermals nein, lebt er doch in unserer Erinnerung und, was uns herzerhebender ist, er lebt ja uns und der Nachwelt in seinen Werken. Hier aber wollen wir versuchen in schlichten Umrissen uns noch einmal das Bild des Verewigten vor die Seele zu führen, licht und klar, wie es sich uns einprägte. Wenden wir uns jedoch zunächst an die Zusammenstellung der wichtigsten Daten seines reichbegnadeten Lebens, welche wie die Marksteine am Wege dem Biographen als sichere Weiser dienen.

August Wilhelm Eichler wurde am 22. April 1839 in dem kurhessischen Städtchen Neukirchen in der Provinz Oberhessen als Sohn eines Cantors geboren. Bereits im Jahre 1840 erfolgte die Uebersiedelung der Eltern nach Eschwege, woselbst dem Vater die Stelle eines ordentlichen Lehrers an der damals neu errichteten mit einem Progymnasium verbundenen Realschule übertragen worden war. So wuchs denn der Knabe in dem damals 7000 Einwohner zählenden Städtchen des malerischen Werrathales auf, bis er im Jahre 1853 auf das Gymnasium zu Hersfeld geschickt wurde, welches er Ostern 1857 mit dem „Zeugniss der Reife zu den akademischen Studien" verliess, um sich in den folgenden drei Jahren auf der Universität Marburg mathematischen und naturwissenschaftlichen Studien, letzteren unter Wigand's Leitung, zu widmen. Die Ablegung des Staatsexamens im Sommer 1860 brachte die Studien zum vorläufigen äusseren Abschluss, und schien die Laufbahn des strebsamen, jungen Gelehrten sich ganz dem Schulfache zuwenden zu wollen. Laut obrigkeitlicher Zuschrift vom 3. September 1860 wurde der „Candidat der Mathematik und Naturwissenschaften als Praktikant an das Gymnasium in Marburg behufs Erstehung des Probejahres" zugelassen. Während dieses Zeitraumes erwirkte er am 14. März 1861 seine öffentliche Promotion in Marburg auf Grund der von ihm eingereichten Dissertation „Zur Entwicklungsgeschichte des Blattes mit besonderer Berücksichtigung der Nebenblattbildungen". Mit dem Ablaufe des Probejahres endete zugleich die Schullaufbahn Eichler's; warm empfohlen ging er 1861 als Privatassistent zu Professor von Martius nach München, um seine reichen Befähigungen in erster Linie an der Herausgabe der Flora Brasiliensis zu bethätigen, jenes umfassenden Werkes, dessen Erscheinen bereits 1840 begonnen und dessen Förderung Eichler nicht den geringsten Theil der reichen Arbeitskraft seines ganzen Lebens geopfert hat. In München fand denn auch Eichler den ihm zusagenden Wirkungskreis. Im Jahre 1865 habilitirte er sich an der dortigen Universität und übernahm nach dem 1868 erfolgten Tode seines Gönners und Freundes Martius die alleinige Herausgabe der Flora Brasiliensis, „eine grosse und schwere, aber auch schöne Aufgabe", welche in nicht zu ferner Zeit zum Abschluss gebracht werden sollte; so schrieb Eichler selbst in dem von ihm über die Flora Brasiliensis veröffentlichten Aufsatze.*)

Die erfolgreiche Thätigkeit in München, die Gediegenheit seiner bis zum Jahre 1871 veröffentlichten Arbeiten hatten Eichler bereits einen guten Namen in der Geschichte der Botanik gesichert, als ihm, dem gereiften Manne, am 25. Februar 1871 ein Berufungsschreiben vom steierischen Landes-Ausschusse zu Graz zuging, in welchem ihm „die Professur der Botanik an der technischen Hochschule und die Obsorge über den botanischen Garten und die Herbarien am Joanneum" daselbst angetragen wurde, mit welcher Stellung zugleich die Mitgliedschaft und das Examinatorenamt bei der „wissenschaftlichen Realschul-Lehramts-Prüfungs-Commission zu Graz" verknüpft wurde. So siedelte denn nunmehr Eichler nach Graz über, um seine Lehrthätigkeit an neuer Heimstätte aufzunehmen, deren Behaglichkeit und Traulichkeit die am 29. August desselben Jahres in Eschwege vollzogene Vermählung mit Luise Katharine Dorothea Brill nicht unwesentlich erhöhte. Ein heiterer und sonniger Blick in die Zukunft konnte sich dem jungen Professor eröffnen, und die Folgezeit brachte eine Reihe beglückender Ereignisse, welche vielleicht nicht so sehnlich erhofft und erstrebt wurden, als sie wohlverdient waren.

Kaum 1½ Jahr waren in Graz verflossen, als Eichler im August 1872 seitens der preussischen Regierung die Professur für Botanik in Kiel angeboten wurde. Die Verhandlungen zogen sich bis zum October 1872 hin, und nachdem die Bestallung am 25. October durch die Kaiserliche Unterschrift urkundlich vollzogen war, konnte der damalige Cultusminister Falk die Ernennung Eichler's zum ordentlichen Professor der Universität Kiel mittheilen. Eichler trat sein neues Amt am 1. April 1873 an. Nach Ablauf von kaum 5 Jahren erging nach dem Tode unseres unvergesslichen Alex. Braun an Eichler der Ruf, in Berlin die „ordentliche Professur für systematische Botanik sowie die Direction des Herbariums der Universität und des Königl. botanischen Gartens bei Schöneberg" zu übernehmen. Eichler leistete dem ehrenden Rufe Folge, und am 1. April 1878 trat er officiell die neue Stellung an, deren gewissenhafte Ausfüllung nur allzu früh seine Kräfte aufreiben und verzehren sollte.

Schon im Jahre 1877 hatte Eichler in Kiel mit einem Augenleiden zu kämpfen gehabt; 1878 trat dasselbe bereits von neuem und diesmal heftiger als vorher auf und legte seine Arbeitskraft bis zum Herbste 1879 brach. Jedoch durfte man hoffen, dass nunmehr eine Periode ungetrübter Arbeitsfreudigkeit anheben möchte, zu welcher die im Anfange des Jahres 1880 erfolgte Ernennung Eichler's zum ordentlichen Mitgliede der Königl. preussischen Akademie der Wissenschaften noch anzuspornen geeignet war. Ein bedauernswerthes Geschick vernichtete diese Hoffnung frühzeitiger

*) Flora. 1869 p 152.

als man vorauszusehen vermochte. Der Grund zu den früheren Krankheitsäusserungen lag in tiefgreifenden Störungen des ganzen Organismus, welche zeitweise latent in grösseren Zeiträumen mit mehr oder minder acutem Charakter auftraten, um schliesslich die mit der Auflösung verbundene Krisis hereinbrechen zu lassen. Zu Ostern 1886 stellten sich zunächst rosenartige Entzündungen (Gürtelrose) ein, im Mai traten Störungen in den capillaren Gefässen des Blutlaufes auf und veranlassten schmerzhafte Venenentzündungen, es gesellten sich hierzu rheumatische Affectionen und Functionsstörungen mannichfaltigster Art; eine Reise nach Kissingen blieb erfolglos. So schwanden die Hoffnungen auf eine Wiederherstellung der Gesundheit mehr und mehr, sie wichen bangen Erwartungen und trüber Besorgniss, um endlich den Gedanken an eine bevorstehende Auflösung zu einem unabweislichen zu machen. Am Morgen des 2. März 1887 senkte sich der erlösende Schlaf des Todes sanft auf die müden Lider des Schwergeprüften. Friedlich entschlummerte er, Friede sei mit ihm. — —

*　　*

*

Wir würden den Zweck dieses Nachrufes verfehlen, wollten wir uns allein mit den Daten aus dem Leben des Verblichenen begnügen, stellen sie ja doch nur, wie wir eingangs bemerkten, die Marksteine dar, zwischen welchen der Weg des Lebens selbst, ja eigentlich nur der Hauptweg von der Wiege zur Bahre sich hinzieht, ohne dass wir den Weg selbst, geschweige denn alle Nebenpfade desselben oder gar die Gefilde, die sich seitwärts von allen Wegen ausbreiten, geschildert hätten, oder, um das Bild zu verlassen, wir möchten diesen Nachruf nicht geschrieben haben, ohne den Versuch zu wagen, ein Bild von dem Charakter unseres Eichler zu entwerfen und ohne das Ergebniss alles seines Strebens und Arbeitens beleuchtet zu haben. Für die Charakterzeichnung stehen mir zunächst mündliche Mittheilungen und schriftliche Aufzeichnungen seitens der nächsten Verwandten des Verstorbenen, Auslassungen ihm nahestehender Freunde und Fachgenossen, das aus dem Studium seiner Schriften gewonnene Urtheil und endlich die aus dem mehrjährigen Verkehr sich herleitenden Erinnerungen zur Verfügung.

Die Charakterbildung des Menschen vollzieht sich insgemein in seinen Jugendjahren. Sie geht mit der Entwicklung der geistigen Fähigkeiten Hand in Hand, gelangt jedoch meist früher als die geistige Vorbildung zum völligen Abschlusse; sie ist abhängig von individuellen Anlagen und von der Beeinflussung dieser durch die erziehende Umgebung, zu welcher man die Eltern und Lehrer, die Spiel- und Altersgenossen sowie die Jugendfreunde und in nicht minderem Maasse die häuslichen Verhältnisse und die heimathliche Flur zu rechnen hat. Eichler war kein Kind des Glückes, dem an der Wiege bereits die Vorzüge der Geburt oder des Reichthumes die Zukunftswege geebnet hatten. Der Vater war der Sohn einfacher Landleute, den die Mittellosigkeit der Eltern von frühester Jugend an auf seine eigene Kraft anwies, der es durch Fleiss und Strebsamkeit zum Seminarzögling und zum Cantor gebracht hatte; die Mutter war die fünfte von neun Töchtern des Seminardirectors Nöding in Marburg. Unser Eichler war der erste Sprössling aus der jungen Ehe, in welcher es bescheiden zugehen musste, zumal als mit den folgenden Jahren zwar der Reichthum an Kindern zunahm, nicht aber in entsprechendem Maasse der Reichthum an irdischen Gütern. Um so bedeutungsvoller wurden den Kindern die Zierden des Vaterhauses: Sparsamkeit, strenge Zucht, Ordnungsliebe, Gehorsam, treue Pflichterfüllung, Strebsamkeit und — Bescheidenheit. Es war eben ein echtes deutsches Heim vom guten, alten Schlage, in welchem unser Eichler aufwuchs und indem sogar noch Zöglinge Unterhalt fanden, nachdem der Vater die ordentliche Lehrerstelle in Eschwege erhalten hatte.*) Der Einfachheit des elterlichen Hauses entsprach das ruhig-ernste Leben der Kleinstadt, in welcher Eichler seine Knabenzeit bis zum 14. Jahre in glücklicher, kindlicher Zufriedenheit, aber nicht ohne mannichfache geistige Anregung verlebte. Diese knüpfte sich in hervorragendem Maasse an die heimathliche Oertlichkeit, bis sie endlich bestimmend und ausschlaggebend bei der Wahl des künftigen Lebensberufes werden sollte. Die niedrigen Höhenzüge, zwischen denen das Werrathal sich hinzieht, und aus denen sich der nahe bei Eschwege gelegene Meissner mit seinen Basalten erhebt, entbehrten nicht des poetischen Reizes, spielte doch der Meissner auch eine hervorragende Rolle in den Mythen und Erzählungen von der Frau Holle; die reichen Ueberreste von alten Burgen und Schlössern der Umgegend, sagen- und märchenumwoben, belebten sich im empfindungsreiferen Kindesgemüth. Hierzu gesellte sich der Reichthum der Flora und Fauna des Werrathales, ganz besonders aber des Meissners. Dieser Reichthum blieb dem heranwachsenden Knaben nicht unbewusst, da der Vater, welcher in den Naturwissenschaften unterrichtete, selbst ein eifriger Naturfreund, sorgfältig gepflegte Sammlungen von Mineralien, Conchylien, Schmetterlingen, Käfern, Eiern und Pflanzen besass, für welche mancher sauer erworbene Thaler geopfert wurde. Den Kindern galt die Vorzeigung der gesammelten Schätze als eine besondere Belohnung für Fleiss und gute Aufführung. Die väterlichen Sammlungen in die Zukunft zu bereichern, war ihnen, zumal dem ältesten Knaben, eine hohe Freude, und mancher Ausflug, der mit Anstrengungen und Entbehrungen verknüpft war,

---

*) Der Vater wirkte bis vor kurzem als Oberlehrer an derselben Lehranstalt; er ist mit dem 1. April d. J. in den Ruhestand getreten.

lohnte durch die Ausbeute an Naturalien und erweckte in dem Knaben Liebe und Begeisterung für die Natur und ihre Schöpfungen.

Was in dem Knaben sich regte, wurde in dem Jünglinge zu ausgesprochener Neigung, an der Schwelle des Studiums zu zielbewusstem Streben und in der Folge zu unermüdlichem Forschungstriebe. Blumen und Berge — und über ihnen ausgespannt die freie, unbegrenzte und unermessliche Weite des Himmelszeltes — wer hätte sie selbst dem ausgereiften Manne noch ersetzen können! Die unendliche Mannichfaltigkeit der Blüten kennen zu lernen und zu lehren, die Gesetze ihres Baues zu ergründen, sie gleichsam zu durchgeistigen — es war ihm die Lebensaufgabe geworden, ihr weihte er jede Stunde, die ihm von seinen Pflichten frei blieb, oft bis spät hinein in die Nacht, wenn längst die mitternächtige Stunde verronnen war. Und die Berge — hinaus und hinauf zu ihnen, das war die liebste Erholung, welche er sich gönnte, wenn er zur Ferienzeit der Thätigkeit im engen Raume des Arbeitszimmers auf kurze Zeit entsagte. Besonders zog es ihn nach den Tiroler Alpen, welche er zum ersten Male von München aus im Jahre 1863 in Begleitung seines Vaters und einer jüngeren Schwester besuchte. Einige Jahre später machte er eine zweite Reise dorthin, diesmal mit seinem jüngeren Bruder Georg, den er wegen seines Fleisses und seiner Strebsamkeit besonders liebte. Im Jahre 1870 besuchte er mit seinem Vater das Oetzthal und Meran, doch riefen ihn die Kriegsereignisse von der Reise zurück. Von Berlin aus kam er nur noch einmal dazu, mit seinem jüngsten Bruder nach Tirol zu gehen; auf dieser Reise besuchte er zum ersten Male den Südabhang der Alpenkette. Ueber Meran und den Gardasee ging er bis nach Verona. Endlich besuchte er in Begleitung seiner Gattin 1880 den Harz, 1884 das Riesengebirge. Man wird es daher nachempfinden können, wie schmerzlich es ihn berührte, als ihm im Juni 1886 eröffnet werden musste, dass wohl für die nächsten Jahre sein Leiden ein angestrengtes Gehen oder gar Bergsteigen verbieten müsste; da klagte er wohl bitter auf dem Krankenfahrstuhle, wie elend er sich vorkomme, sich so früh zu den Alten rechnen zu sollen, denen die Berge zu hoch werden. Ein anderes Mal, kurz nach Wigand's Tode, sprach er über die unzulängliche Befriedigung, welche ihm das ruhelose Treiben der Grossstadt und ihre Gesellschaftsformen gewähren. „Das ersetzt mir nimmer die freie Natur und die Berge. Wäre ich jetzt nicht so elend, ein Wrack, so möchte ich um die Wigand'sche Stelle als Bewerber auftreten; hier sitze ich ja nur im künstlichen Garten." Leider sollte ihm die Herrlichkeit der Natur nur noch in den frei waltenden, schrankenlosen Bildern der Phantasie erfreuen, welche die ihm gereichten Morphiumdosen heraufzauberten; da schritt er leichter denn je die Berge hinan und überschaute die herrlichen Landschaften, deren unvergleichliche Schönheit ihn noch beim Erwachen entzückte. Ja selbst während seiner letzten Kämpfe sprach er in Fieberträumen wiederholt, zuletzt in der Nacht vor seinem Tode von Blumen und Bergen, er wähnte sich wohl auf den lichten

Höhen der Alpen, da ward's ihm wohler, da athmete er leichter, bis er einschlummerte, um nicht mehr zu erwachen. Nun deckt ihn ein winziger Hügel, nun decken ihn Blumen und die unendliche Weite des Himmels spannt sich aus über ihn! —

Doch kehren wir zu der glücklichen Jugend zurück. Die zahlreichen und mühevollen Ausflüge des Knaben beweisen uns, dass Eichler kein verzärteltes Söhnchen oder gar ein Stubenhocker war. Er war im Gegentheil als Knabe gern Allen voran, selbst wo es losen Streichen galt, obwohl des Vaters Strenge sich dann gewöhnlich zuerst auf ihn, als den ältesten in der Familie, wandte, welcher den Geschwistern und den Zöglingen des Hauses mit dem guten Beispiele der Verständigkeit vorangehen sollte. Dabei war der Knabe geweckt, zeigte leichtes Verständniss neben manueller Geschicklichkeit, welche sich in kleinen mechanischen Arbeiten zeigte. Eine Zeit lang buchbinderte er eifrig; auch schrieb er als Knabe ausserordentlich schön und wusste geschickt zu zeichnen, eine Fähigkeit, welche dem Gelehrten später sehr zustatten kam.

Als der 14jährige Schüler auf die Secunda des Gymnasiums zu Hersfeld überging und aus der strengen väterlichen Zucht entlassen war, liess der Fleiss einmal nach, aber der ernste Vorwurf des Vaters genügte und wirkte nachhaltig, es bedurfte nie wieder eines Anspornes und zur hohen Freude seiner Eltern konnte Eichler mit dem Zeugnisse „reif zu den akademischen Studien mit dem Prädikate gut vorbereitet" die Universität beziehen.*)

Am 8. Mai 1857 wurde Eichler als „matheseos et rerum naturalium studiosus" bei der Marburger Universität immatriculirt, es begann die frohe, die freie Zeit des Burschenlebens. Gleich im ersten Semester hörte Eichler allgemeine Botanik, im zweiten Pflanzenphysiologie sowie Palaeontologie und Geographie der Gewächse, im dritten (Sommer 1858) Methodologie und Encyclopädie der Naturwissenschaften bei Wigand, zu welchem der strebsame Student bald in nähere Beziehungen trat. Diese gestalteten sich noch enger, als Eichler in den Jahren 1859 und 1860 mit grossem Eifer seine Untersuchungen zu seiner Dissertation unter Wigand's Leitung ausführte. Eichler verkehrte damals viel im Hause seines Lehrers. Die mathematischen Studien knüpften sich an die Vorlesungen von Schell, welcher höhere Analysis, Integralrechnung und mathematische Mechanik vortrug; Chemie hörte Eichler bei Kolbe, dessen chemisches Practicum er im Wintersemester 1858/59 belegte. Physik hörte Eichler im Sommer 1859 bei Wüllner. Die übrigen philosophischen und naturwissenschaftlichen Studien mögen hier übergangen werden.

---

*) Eichler's Reifezeugniss enthält die Prädikate:
Fähigkeit: sehr gut.
Kenntnisse im Lateinischen: gut.
„ „ Griechischen: sehr gut.
„ „ Deutschen: sehr gut.
„ „ Französischen: gut.

Obwohl es aber der lebensfrische Student nicht an Fleiss fehlen liess, waren ihm doch auch die Freuden des akademischen Lebens nicht fremd. E i c h l e r liebte die Geselligkeit, besonders im kleineren Kreise, auch war er ein Freund akademischen Verbindungslebens. So liess er sich denn auch durch einige Studienfreunde bestimmen, dem Marburger Wingolf beizutreten. Der Geist dieser Verbindung wollte jedoch dem nüchternen Denker auf die Dauer nicht behagen, zumal die Vereinsbrüder, meist Schüler und Anhänger des durch seinen glänzenden Vortrag bei der damaligen Marburger Studentenschaft hochbeliebten und gefeierten Theologen V i l m a r, es in überschwenglichem Idealismus und in religiöser Schwärmerei ziemlich weit trieben. E i c h l e r war zwar auch ein Verehrer idealer Tugenden, und wenn wir das, was er selbst an M a r t i u s besonders rühmte, auf ihn selbst übertragen dürfen (woran wir nicht zu zweifeln brauchen), so können wir mit seinen eigenen Worten von ihm sagen: „E i c h l e r war in religiösen (nicht dogmatischen) Dingen, „festhaltend an dem Wesentlichen des Glaubens, mild und duldsam in Bezug auf die Abweichungen und Verschiedenheiten der Form desselben, gleich entfernt von Intoleranz wie von Indifferenz."[**]) E i c h l e r war aber als junger Naturforscher zugleich Realist, und frühzeitig suchte er zwischen Materialismus und Idealismus mit nüchternem Verstande die rechte Mitte zu finden. Er trat denn auch bald, ein Zeichen seiner Offenheit und Geradheit, aus der Verbindung aus; später sagte er wohl gelegentlich, dass der Eintritt in den damaligen Wingolf zu den grössten Thorheiten seiner Studentenzeit gehöre. Mit den letzten Studienjahren und dem Antritt des Probejahres begann die Periode des intensivsten Schaffens. In jene Zeit fällt auch der Tod der Mutter, deren Heimgang E i c h l e r auf's schmerzlichste bewegte.

Als E i c h l e r 1861 auf die wärmsten Empfehlungen hin[**]) zu M a r t i u s nach München ging, fand er in seinem neuen Lehrer, baldigen Gönner und späterem väterlichen Freunde einen Charakter, dem der eigene nicht gar unähnlich war, ein Verhältniss, welches dem gemeinsamen Arbeiten ausserordentlich günstig war, wenn gar es dasselbe nicht überhaupt für die Dauer allein möglich machte. Jedenfalls lassen sich diejenigen Charakterzüge, welche E i c h l e r in dem oben angeführten Nachrufe besonders hervorhebt, fast wörtlich auf E i c h l e r selbst anwenden, wie wir es oben bereits einmal gethan haben. Es kommt mir fast so vor, als habe E i c h l e r unbewusst in jenem Nachrufe einen Spiegel seiner selbst gegeben. Trotzdem die Arbeiten für die Flora Brasiliensis E i c h l e r's

---

*) Vergl. E i c h l e r's Nachruf an M a r t i u s in Flora. 1869. p. 22.
**) Nach einer schriftlichen Aufzeichnung der Schwester E i c h l e r g e - schah die Empfehlung E i c h l e r's an M a r t i u s durch W i g a n d, als derselbe 1860 ersteren in seinem Sommeraufenthalte am Walchensee besuchte. Dieser Angabe widerspricht die gerade diesen Punkt betreffende Berichtigung in No. 15 der Botan. Zeitung, 1887, p. 246, wonach die Empfehlung von B u c h e n a u gelegentlich eines Besuches, welchen dieser 1860 bei M a r t i u s machte, ausging. Es handelt sich hier wohl nur um den ersten Anstoss zur Empfehlung, die gewiss von mehreren Seiten auf's wärmste wiederholt und gestützt worden sein dürfte.

Zeit in München zum weitaus grössten Theile verzehrten, fand er doch Gelegenheit, im Isarathen der Geselligkeit manche Abendstunde zu weihen. Er besuchte eifrig die Theater und verkehrte viel in einem frohen Kreise bedeutender Akademiker, Künstler und Schauspieler, deren Namen zur Zeit noch zu den besten zählen. Viele Männer aus jenem Kreise befinden sich in hervorragenden Lebensstellungen. Jedenfalls verlebte Eichler in München die sorglosesten, schönsten und herrlichsten Tage seines Lebens.

Welche Charakterzüge aus dem Gelehrtenleben des Verschiedenen hervorstechen, lehrt uns der Einblick in die stattliche Reihe seiner Arbeiten, deren Verzeichniss diesem Nachrufe beigefügt ist.*) Sie sind ein Denkmal eines ausdauernden, eisernen Fleisses, das Ergebniss 25jähriger mühevollen Arbeitens und Strebens. Nicht ihre Zahl nöthigt uns die Hochachtung vor ihrem Schöpfer ab, wohl aber ihr innerer Werth, den zu beleuchten wir an dieser Stelle unterlassen wollen. Eichler's Arbeitskraft war eine ungewöhnliche, welche nicht nur durch die wohlverdienten Erfolge erhalten und belebt wurde, sie wurde vielmehr durch eine seltene, dem Charakter innewohnende Schaffensfreudigkeit genährt, die sich weder durch die Mühsamkeit der Forschung, noch durch den Umfang der zu lösenden Aufgaben schrecken liess. Es genügt hier, auf die Monographien in der Flora Brasiliensis und auf die Bearbeitung der Blütendiagramme hinzuweisen. Die letzteren, das Resultat 15jähriger Arbeit, darf man mit Recht als eine der Ursachen des frühzeitigen Kräfteverfalls Eichler's ansehen; es liegt hier ein litterarisches Denkmal vor, an dessen Aufbau der Verfasser im vollsten Sinne des Wortes sich aufopferte. Eichler hat die zahlreichen Diagramme eigenhändig auf Holz gezeichnet, wie er denn überhaupt gern an der Ausstattung seiner Arbeiten mitwirkte, wozu ihn sein bedeutendes Zeichentalent besonders befähigte. Ich verweise diesbezüglich in erster Linie auf die schönen Abbildungen, welche Eichler den von Münchener Künstlern entworfenen Habitusbildern der Balanophoreen in der Flora Brasiliensis beigegeben hat. Der Ausstattung seiner Mittheilungen entspricht ganz die Sorgfalt der Beobachtungen. Was Eichler untersuchte, pflegte er gründlich zu untersuchen. Diese Eigenheit spricht sich bereits in seiner Erstlingsarbeit, in seiner Dissertation, aus, ja er verräth uns den Grundsatz für alle seine späteren Arbeiten, wenn er auf Seite IV der Dissertation angibt, „was mitgetheilt, beruht auf sorgfältiger und wiederholter Beobachtung". Diese lieferte ihm frühzeitig einen reichen Schatz der Erfahrung, dessen Sichtung ein gutes Gedächtniss, Litteraturkenntniss und ein angeborener und in der Jugend ausgebildeter Scharfblick begünstigte. Hierzu gesellte sich die ruhige und nüchterne Beurtheilung der Thatsachen, denen Eichler nie aus Voreingenommenheit oder irgend einer Theorie zu Liebe Zwang anthat. Auch dieser Zug findet bereits

---

*) Herr Dr. Urban hatte die Freundlichkeit, das Verzeichniss der Titel zusammenzustellen, womit den Lesern in gleicher Weise wie dem Schreiber dieser Zeilen gedient sein dürfte.

in der Dissertation auf Seite 6 beredten Ausdruck. Es heisst daselbst: „Ich werde mich nur an directe Beobachtungen halten, schliesse also jede Hypothese aus und stelle die Sache einfach dar, wie sie sich dem Auge darbietet." Wo es sich aber in seinen Arbeiten um die Gründe für oder wider eine erörterte Hypothese oder Deutung handelt, da meidet Eichler „parabolische Redensarten"*), überhaupt verurtheilte er von Anfang an „die Sucht allgemeine Gesetze zu machen, welche alle vorkommenden Formen unter meist apriorische Schemata einregistrirt." (Dissertation p. 3.) Eichler's Vorurtheilslosigkeit wurde denn auch rückhaltslos von denen anerkannt, welche seinen Anschauungen nicht immer beitraten.**) Er wurde deshalb auch nur wenig in Polemik verwickelt, jedenfalls sind ihm gehässige Angriffe erspart geblieben. Seine Controversen bewegten sich in dem gemessenen, wissenschaftlichen Tone, sie erwägen zuvörderst die nüchternen Thatsachen. Ich verweise hier auf die Erörterungen über die Frage der Gymnospermie der Coniferen und die Kritik der Ansichten über die Deutung der Fruchtschuppe der Abietineen. Lebhaft wird dagegen die Polemik in dem Aufsatze: Wider E. Reuther's Beiträge zur Entwicklungsgeschichte der Blüte in der Botan. Zeitung von 1876, p. 513—527; stellenweise wird Eichler hier beissend-satyrisch und selbst humoristisch, ja wer einmal recht herzlich lachen möchte, dem empfehle ich die Lectüre der Gleichnisse vom Hoffräulein auf Seite 523 und vom Strauss auf Seite 525. Doch liegt diese Art der Polemik gar nicht im sonstigen Charakter Eichler's, auch sagt er selbst am Schlusse der Abwehr: „Wenn ich in dieser Entgegnung — was wider meine sonstige Art — nicht säuberlicher mit Herrn Dr. Reuther verfahren bin, so wolle er sich das selbst, d. h. seinem superciliösen Tone gegen mich zuschreiben."

Die strenge Sachlichkeit, welche Eichler's wissenschaftliche Arbeiten ziert, ist übrigens nur eine Form, in welcher die Offenheit und die Wahrheitsliebe, welche dem Charakter eigen war, und welche er bei anderen hochschätzte, zum Ausdruck gelangte. Eichler scheute sich nie, Fehler, die er selbst begangen, offen einzugestehen. Gelegentlich der Richtigstellung der Nomenclatur des von ihm 1872 mit Unrecht aufgestellten Genus Bdallophytum wirft er sich selbst vor, „er habe sich leider in recht grober Weise getäuscht."†) Von der in der Flora Brasiliensis 1863 veröffentlichten Bearbeitung der Dilleniaceen bemerkt er selbst auf p. 250 des zweiten Theiles seiner Blütendiagramme, dass seine Arbeit zu einer Zeit ausgeführt wurde, wo er noch wenig vom Diagrammenzeichnen verstand, und dass die dort gegebenen Grundrisse viel zu wünschen übrig lassen und in Einzelheiten, wie Orientirung zur Achse etc., meist unrichtig sind. Ja der 1878 erschienene zweite Theil seiner Blütendiagramme beginnt sogar seinen

---
*) Vergl. Flora. 1865. p. 516.
**) Vergl. Celakovský's Referat über Eichler's Blütendiagramme in Flora. 1878. p. 284.
†) Vergl. Botan. Zeitung. 1875. p. 124.

Text mit „Berichtungen und Zusätzen zum ersten Theil", jedenfalls eine Art der Empfehlung, die man sonst nur am Ende eines Werkes zu finden gewohnt ist. Uebrigens hat Eichler selbst diesen seinen Standpunkt in der oben angeführten Entgegnung an Reuther gekennzeichnet, wenn er bekennt: „Nun möchte ich, mit L e s s i n g zu reden, nicht, dass Jemand in der Welt wäre, der sich lieber belehren liesse, als ich."

Mit diesen ausgezeichneten Eigenschaften des Gelehrten harmonirte jenes Maass der „Bescheidenheit, die anspruchslos und doch ehrfurchtgebietend den wahren Forscher ziert." *) Eichler strebte rüstig vorwärts, ohne aber Streber zu sein. Er suchte nicht zu glänzen; einfach und schlicht wie er war, fand er die höchste Belohnung in der inneren Befriedigung an dem gelungenen Werke, im Uebrigen aber konnte er seine Arbeiten für sich sprechen lassen. Seine Bescheidenheit ist denn auch bereits von Čelakovský in der oben angeführten Besprechung (Flora. 1878. p. 284) treffend gekennzeichnet, in welcher es heisst: „Der Inhalt des Buches leistet weit mehr als der Titel verspricht." Herrlicher aber noch will uns das monumentum modestiae erscheinen, welches Eichler sich selbst errichtete, als er 1880 als Akademiker zum ersten Male in der illustren Versammlung erschien, welche ihm die höchste Ehre, welche dem Gelehrten des preussischen Staates zu Theil werden kann, zuerkannt hatte. „Das erste Wort", so hebt seine Antrittsrede in der Akademie an, „welches an diese erlauchte Körperschaft zu richten mir obliegt, soll der Ausdruck des Dankes sein, aufrichtigen und tief empfundenen Dankes, für die hohe Ehre, welcher Sie mich durch die Allerhöchst bestätigte Wahl in Ihre Mitte für würdig erachtet haben. Ich sehe mich hierdurch in einen Kreis von Männern aufgenommen, welchen die Wissenschaft in fast allen ihren Zweigen die glänzendsten Entdeckungen, tiefsten Forschungen, fruchtbarsten Gedanken, kurz die mächtigste Förderung verdankt. Eine solche Auszeichnung muss jeden mit Stolz erfüllen, der von sich sagen kann, dass er gleichfalls etwas Namhaftes zur Förderung seiner Wissenschaft beigetragen hat. Ich bin nicht so eitel, dies von mir zu glauben; was ich bisher gethan, mag fleissige, mag vielleicht auch nützliche Arbeit gewesen sein; den Preis jedoch, welchen Sie mir zuerkennen, ungesucht und unerwartet, muss ich erst noch verdienen. Ich vermag daher Ihre Wahl nur so aufzufassen, dass Sie mir das Vertrauen schenken, es werde mir solches mit der Zeit gelingen; und dies Vertrauen wird mir dazu der kräftigste Sporn sein."

Fürwahr, Achtung einem Manne, der solche Worte auf der Höhe seines Ruhmes sprechen konnte, wenngleich es nicht geleugnet werden kann, dass Eichler, er, der berufenste Vertreter einer nur zu oft unterschätzten Richtung unserer Wissenschaft, hierbei das Selbstbewusstsein auf ein Maass herabsetzte, welches der Sache nicht zum Vortheil gereichen konnte.

---
*) So rühmte Eichler seinen Vorgänger Alex. Braun in der Rede bei der Enthüllung seines Denkmals im Kgl. botan. Garten bei Berlin. (Vergl. Verh. d. botan. Ver. d. Prov. Brandenbg. 1879. XXI.)

So erscheint uns der Charakter Eichler's in seinen Schriften seiner Heranbildung in der Jugend entsprechend, doch in festerer Form, in markigeren, kräftigeren Zügen. Ganz in Einklang hiermit steht aber auch der Eindruck, welchen die Persönlichkeit Eichlers in seinen späteren Lebensjahren machte. Die ungewöhnlich grosse und kraftvolle Mannesgestalt mit dem dunklen Vollbarte und dem vollen, etwas lockigen Haupthaar, die hohe Stirn und die energischen Züge, die von Gesten begleitete, aber sonst schmucklose Rede, die etwas hartklingende dialektische Ausdrucksweise, bei welcher namentlich die an den Rachenlaut des ch anklingende Aussprache des auslautenden r mit gleichzeitiger Verkürzung des vorangehenden Vocales auffiel, wirkten prägnant, zugleich ehrfurchtgebietend; mancher empfand bei der ersten Begegnung mit Eichler wohl gar eine gewisse Kälte, zumal Eichler im Gesellschaftskreise nicht die Geschmeidigkeit eines Höflings oder eines Diplomaten zur Schau trug. Deshalb fehlte Eichler auch ein Kreis von jüngeren Anhängern, die berufen gewesen wären, in seine Fusstapfen zu treten. Er verschmähte es, Schule zu machen und sich einen Tross von Anhängern zu schaffen, obwohl der Schatz seiner reichen Erfahrungen Jedem offen stand, wie es ältere und jüngere Fachgenossen zur Genüge erfahren haben. Immer bereit, mit Rath und That zu unterstützen, gab Eichler gern, ohne auf Vergeltung zu rechnen. Die in den Schriften erkennbare Offenheit und Geradheit trat übrigens auch im persönlichen Verkehr nicht weniger zu Tage. Eichler sprach ungekünstelt und unverhohlen Lob und Tadel aus, wobei er gewöhnlich nicht viele Worte brauchte; um so wirksamer aber traten die wenigen geäusserten hervor. Auch scheute er sich nicht, ein etwa untergelaufenes „Zuviel" rückhaltlos einzusehen und offen zu bekennen. Als Verwaltungsbeamter war Eichler ein liebenswürdiger Vorgesetzter, der Pflichterfüllung, Pünktlichkeit und Ordnungsliebe schätzte und auch im richtigen Maasse verlangte. Er blieb dabei gleich entfernt von jeder Schwäche, wie von jeder Rigorosität. Der Pedanterie stand Eichler gänzlich fern, persönlichen Wünschen trug er gern Rechnung. Die Wohlfahrt der ihm unterstellten Beamten, auch der niedrigsten, zu fördern, lag ihm immer am Herzen. Eigennutz war ihm besonders verpönt. Dies galt namentlich, wenn es sich um Verträge und Geschäftsabschlüsse mit Zeichnern, Lithographen, Buchhändlern oder Handwerkern handelte. In solchen Lagen zeigte sich der hohe Werth der Schule des praktischen Lebens, welche Eichler von Jugend auf durchgemacht hatte. Er besass daher ein gesundes, praktisches, ja, ich möchte sagen das „prosaische" Urtheil und brachte dasselbe in der geeigneten Form zum Ausdruck. Als Lehrer war Eichler klar und verständlich, sein Vortrag fliessend, scharf pointirt, obwohl ohne Schönrederei. Als Examinator galt Eichler als gewissenhaft streng, doch ausserordentlich gerecht; niemals habe ich vernommen, dass er mehr als billige Anforderungen stellte. Uebrigens kenne ich auch aus seinem Munde die Grundsätze, nach welchen er prüfte. Ihm kam es darauf an, den Umfang des Wissens des

Examinanden beurtheilen zu können, nicht aber dass Wissen desselben mit seinem eigenen zu vergleichen.

Gesellschaftliche Beziehungen pflegte Eichler, wie in seiner Jugend, gern, doch waren ihm alle Thorheiten der modernen Gesellschaft wenig sympathisch. Die rauschenden Feste der Grossstadt waren ihm am wenigsten begehrenswerth. Viel lieber war ihm die Gemeinschaft im engeren Familienkreise, in dem sich Herzlichkeit und Frohsinn ungekünstelt entfaltete. An dem Vereinsleben der wissenschaftlichen Gesellschaften, deren Mitglied Eichler war, nahm er regen Antheil, obwohl ihm die Amtsgeschäfte in den späteren Lebensjahren nur wenige freie Stunden liessen, welche er gern seinen Arbeiten gewidmet hätte. Seinem Bericht über den internationalen botanischen Congress in Paris vom 16.—23. August 1867*) entnehmen wir, dass er vom 3.—26. August in Paris war, und dass er an sämmtlichen Sitzungen und mehreren Excursionen, welche von den Mitgliedern der Société botanique de France in Vorschlag gebracht waren, theilnahm. Eichler war zum Secretär während des Congresses gewählt worden, welchem er nachrühmt, dass auf ihm ein Gefühl der Zusammengehörigkeit zu dem keine Verschiedenheit der Nationen kennenden Staate der Wissenschaft waltete. Ein Jahr darauf ging Eichler als Preisrichter zur Blumenausstellung nach Hamburg. Die Wanderversammlungen der deutschen Naturforscher und Aerzte besuchte er in Dresden, Leipzig, Hamburg und Strassburg, und war es ihm erfreulich, viele alte und gute Freunde begrüssen zu können.

Die ganze Fülle seines Empfindens und die Tiefe seines Gemüthes offenbarte sich aber in dem engsten Kreise, der ihn umgab, in seiner Familie. In glücklichster Ehe verlebte er an der Seite seiner Gattin, umgeben von einer blühenden Kinderschaar, seine Erholungsstunden, welche er sich nur zu kärglich gönnen wollte. Das Verhältniss zu seinem Vater war ein ausserordentlich herzlich-inniges. Ihm eine Freude bereiten, war ihm wie in der Jugend der schönste Genuss, da war ihm kein Opfer an Mühe, Arbeit und Zeit zu gross. Nicht weniger herzlich waren die Beziehungen zu seinen Geschwistern, von welchen die jüngere Schwester Amalie in seinem Hause lebte und ihm auf seinem Schmerzenslager neben der selbst leidenden Gattin die treueste und unermüdlichste Pflegerin wurde.

Das ernste Wesen, welches Eichler für gewöhnlich zur Schau trug, hatte höchst wahrscheinlich in seiner ganzen Constitution seinen realen Grund. Hatte Eichler von Jugend auf wenig Ansprüche an die Welt und das Leben gestellt, so konnte man ihn in dem späteren Alter einen gewissen „constitutionellen" Pessimismus nicht in Abrede stellen. Dieser wurzelte in dem Bewusstsein, dass die irdische Welt dem Menschen doch nur eine unvollkommene sein kann. Leben war auch für Eichler indentisch mit kämpfen. An der Schwelle der Selbstständigkeit stehend traf ihn 1861 der Verlust der Mutter; im ersten Jahre seines Aufent-

---

*) Flora. 1867. p. 481—493.

haltes in München warf ihn ein Schleimfieber auf das Krankenlager, zwei Jahre später packte es ihn noch einmal, und zugleich trat ein Nervenfieber auf. Auch 1868 behinderte Krankheit, diesmal seines Meisters von Martius, die Schaffenskraft, wenigstens findet sich in dem 1869 in der Flora erschienenen Aufsatze über den Bau der Cruciferenblüte eine Andeutung darüber. Der Aufsatz erschien wegen der vorangehenden Krankheit einige Monate später. Dass in einer kinderreichen Ehe bald hier bald da Unpässlichkeiten und Krankheiten an der Tagesordnung sind, kann nicht verwundern; dies betonte mir Eichler wiederholt in seinen Gesprächen. „Das Kranksein reisst in meinem Hause selten ab, wenn es auch nur immer Kleinigkeiten sind, die einem das Leben sauerer machen, als es wünschenswerth ist", so pflegte er mir mehr als einmal zu sagen. Als Eichler's Augenleiden Ostern 1877 in Kiel auftrat und bis zum Herbste desselben Jahres andauerte, da glaubte man es mit einem acuten, vom nächtlichen Arbeiten und vom Diagrammzeichnen heraufbeschworenem Leiden zu thun zu haben. Ostern 1878 trat dasselbe von neuem in Berlin mit grosser Heftigkeit auf, der Patient musste eine dreiwöchentliche Cur im Dunkelzimmer über sich ergehen lassen, auch wurde damals schon der ganze Organismus in Mitleidenschaft gezogen. Schwächezustände und Schwindel traten als Begleiterscheinungen auf. Die schwierigen Verhältnisse am Berliner Garten, Widerwärtigkeiten, die ihm bei der Durchführung seiner Pläne bereitet wurden, Umarbeitungen des Terrains und Neubauten auf demselben, namentlich der Aufbau des botanischen Museums und dessen Einrichtung, die Verwaltung der akademischen Aemter, die Förderung eigener Arbeiten und die Pflichten der Geselligkeit — sie konnten die gesundeste Kraft aufreiben; Eichler's Gesundheit hatten sie auf's ernsteste erschüttern helfen. Das Augenleiden war übrigens nur eine Form, unter welcher eine tückische Krankheit zuerst zum Ausbruch kam; die wahren Ursachen waren schlimmer Natur. Wenigstens theilte mir Eichler selbst, wenn ich nicht irre, schon in den Ostertagen des Jahres 1886 mit, dass es mit ihm schlimmer stände, als es aussähe. Sein Bruder, der Arzt in Weilderstadt, habe ihm kürzlich — es war im Herbste 1885 — die richtige Diagnose seiner Leiden offenbart. Leukämie heisse seine Krankheit, das heisst er habe zu viele weisse Blutkörperchen neben den rothen, und das wolle der Körper eben nicht vertragen. Die ernstgemeinte Replik, dass eine Regenerirung bei einem Manne von seiner Figur und seiner kräftigen Constitution doch mehr als wahrscheinlich und nur eine Frage der Zeit sein könnte, wies Eichler mit den Worten zurück: „Da sind Sie schlecht berichtet über die Bedeutung meiner Krankheit. Die schüttelt bald mal den kräftigsten Mann zusammen, in der Regel dauert es 1—2 Jahre, dann hat man ausgelebt." Ich muss gestehen, dass ich selten mehr erschrocken bin, als über diese Offenheit und über eine solche nüchterne Selbstbeurtheilung; sonst pflegen ja gerade Schwerkranke die Hoffnung um so höher zu tragen, je schlimmer ihr Zustand ist. Bei Eichler war dies nie der Fall. Er hatte

sein Schicksal klar vor Augen und machte seinen Bekannten kein
Hehl daraus, doch liess er sich nie herbei, über sein Schicksal
erbittert zu sein. Man hätte in ihm nie den ruhigen und ergebenen
Dulder erwartet, der aus ihm nur allzubald werden sollte. Als
Ostern 1886 der acute Charakter der Leukämie wieder auftrat,
da wuchsen schon die Bedenken, so dass Eichler bereits sein
Testament machte. Er sah das prophezeite Unheil hereinbrechen.
In den ruhigeren Perioden schmachtete er nach Arbeit: „Arbeit,
Arbeit könnte mich retten, aber es geht eben nicht." Eine einzige
Möglichkeit war ihm noch geblieben, das Werk seines Lebens, die
Flora Brasiliensis, nach Kräften zu fördern. Er beschäftigte sich
mit der Redaction der von Cogniaux bearbeiteten Melastomaceen,
zu welchen der Verfasser dieser Zeilen die Originaltafeln zeichnete.
Bis wenige Tage vor seinem Tode lag Eichler die Förderung
dieser Arbeit am Herzen. Im August 1886 suchte er Heilung in
Kissingen. Ich sah ihn am Tage vor seiner Abreise; er hegte
wenig Hoffnung und schied mit den Worten: „Wenn wir uns nicht
wieder sehen sollten, dann weinen Sie mir wohl eine stille Thräne
nach." Welch' trübe Ahnung! Mir schnitten diese Worte tief
in's Herz.

Eichler kehrte leider nicht gekräftigt nach Berlin zurück,
den Tagen der Naturforscherversammlung musste er fern bleiben,
ja nur wenige ältere Fachgenossen durften ihn sehen, bleich, matt,
kraftlos, bedauerns- und beweinenswerth. Aber noch weitere
Prüfungen sollten marternd über ihn ergehen. Da starb zunächst
bald nach Eichler's Rückkehr von Kissingen urplötzlich sein
Facultätsgenosse Prof. Websky; beide waren zugleich zur Cur
im Bade gewesen, nur mit dem Unterschiede, Eichler als Schwer-
kranker, Websky als Erholungsuchender. Acht Tage später trug
man Websky's Gattin zur Gruft. Es waren betrübende Nach-
richten für Eichler, der sie mit böser Ahnung entgegennahm.
Ebenso unerwartet starb der Dekan der Berliner philosophischen
Facultät, Prof. Scherer, endlich verschied auch Wigand, den
Eichler mit dankbarer Liebe verehrte. Aber die schwerste
Prüfung harrte noch seiner. Am 18. Februar 1887 starb in Weilderstadt nach wenigen Tagen der Krankheit an den Folgen einer
Blutvergiftung der jüngere Bruder Georg, er, den er besonders
liebte, der Eichler's Leiden zuerst erkannt hatte. Man fürchtete
sich, diese niederschmetternde Kunde dem Schwerkranken mitzu-
theilen. Eichler nahm sie gefasst hin, er verzehrte seinen tiefen
Schmerz in Rücksicht auf seine schwer geprüfte Familie. Doch
auch der Kelch seiner eigenen Leiden sollte bald geleert sein.
Am 2. März, vierzehn Tage nach dem Tode des Bruders, war auch
unser Eichler erlöst, und die Verklärung des ewigen Friedens
deckte sein Antlitz.

Nun ruht er wenige hundert Schritte von der Stätte, wo wir
Alexander Braun vor 10 Jahren in die Erde senkten. Ein
thatenreiches Leben liegt hinter ihm, sein Name bleibt unvergessen.
Wir aber standen an seiner Gruft tiefbewegt, die Brust beklommen,
als die stille Thräne herabrollte, die wir ihm gelobt. —

Wir haben in den vorangehenden Ausführungen versucht, den Charakter Eichler's zu schildern, wir haben noch einmal das Bild des Lebenden an uns vorüberziehen lassen; nun zählt er zu den Todten, er und seine Werke gehören der Geschichte. Wie aber steht nun der historisch gewordene Eichler in der Geschichte unserer Wissenschaft? Die Erörterung dieser Frage liegt ausserhalb des Rahmens eines Lebensbildes, und doch vermissen wir ihre Erledigung nur ungern, denn ihre Lösung soll einer endgültig abschliessenden Summation alles Wirkens und Arbeitens entsprechen, einer Summation, welche den invariabelen Werth, mit welchem der Verstorbene in die Geschichte übertritt, in voller Schärfe erkennen lassen soll. Solche Beurtheilung des historischen Werthes eines Mannes ist aber eine Aufgabe, deren Lösung jederzeit nur auf den Werth einer Näherungsrechnung Anspruch erheben darf. Denn einerseits beurtheilen wir den Werth anderer nothgezwungen nach unserem subjectiven Maassstabe, der im seltensten Falle, ja, man darf eher behaupten, nie mit dem objectiven Maassstabe der Allgemeinheit identisch ist. Dieser aber ist andererseits seiner inneren Natur nach keine constante Grösse, er bleibt immer nur der Maassstab einer bestimmten Zeit, wie er sich aus der Vergangenheit und der Gegenwart ergibt. Die historische Bedeutung und Werthschätzung ergibt sich aber voll und ganz nur aus dem Verhältniss, in welchem der Beurtheilte zur Vergangenheit, zur Gegenwart und endlich zur Nachgeschichte steht, und gerade die letztere modificirt die Werthschätzung am einflussreichsten. Darum ist selbst der objectivste Maassstab der Mitwelt eine Inconstante, eine Variabele, eine Function der fortschreitenden Zeit, der relativen Zukunft, eine Function, für welche uns der Ausdruck jederzeit fehlen muss, so lange wir noch an den frischen Hügel herantreten können, der die sterblichen Reste des Verstorbenen deckt. Ist uns somit die fehlerlose Summation eine Unmöglichkeit, so bleibt doch der Geschichte ein unveräusserlicher, invariabeler Besitz, die Reihe der veröffentlichten Arbeiten, von denen jede einen Summanden für die historische Werthschätzung liefert.

Sehen wir ab von einigen populären Vorträgen, welche Eichler in seinen jüngeren Jahren hielt, sehen wir ab von den Referaten über einzelne Arbeiten, von der „mühsamen und unerquicklichen" Berichterstattung der in der Flora veröffentlichten „Repertorien der botanischen Litteratur", welche vom Jahre 1865 beginnend, bis zum Jahre 1873 das leisten sollten, was nunmehr der Just'sche Jahresbericht mit Erfolg anstrebt, sehen wir ferner ab von den Verwaltungsberichten, den Nekrologen und den zum Drucke gelangten Reden, so bewegen sich Eichler's zahlreiche Arbeiten vorzüglich auf den beiden einander eng verwandten Gebieten der Morphologie und der Systematik; doch finden wir Eichler auch als Teratologen und Anatomen erfolgreich thätig. Dementsprechend lassen sich die Arbeiten Eichler's nach zwei Gesichtspunkten gruppiren: morphologische und systematische, zwischen welche sich die teratologischen und anatomischen einordnen.

Eichler führte sich mit seiner Erstlingsarbeit über die Entwicklungsgeschichte des Blattes in die Wissenschaft ein, und er hatte damit einen glücklichen Griff gethan. Die Wechselbeziehungen zwischen Blatt und Achse sind Gegenstand der Erörterung seit dem Erscheinen der ersten exact-wissenschaftlichen botanischen Arbeiten gewesen, seit Jungius (1587—1657) und seine Schüler die Morphologie zu einem unabhängigen Zweige der Botanik zu machen strebten, besonders aber als Caspar Friedrich Wolff, dann Goethe in seiner Metamorphosenlehre die Blattgestalten zum Gegenstande speculativer Erörterungen machten, welche später Agardh, Link und Bischoff in den ersten Decennien unseres Jahrhunderts zu unhaltbaren, auf Naturphilosophie beruhenden Hypothesen über Blattbildung führten, und deren letzten Aushauch wir noch in der 1851 in der Botanischen Zeitung erschienenen Abhandlung Crüger's über Achse und Blatt begegnen, in welcher das Blatt als „erste Metamorphosenstufe der Achse mit eigenem Metamorphosencyclus" figurirt. Auch die gesundere vergleichende Betrachtung der fertigen Blattgestalten, wie sie de Candolle durchgeführt hatte, vermochte die Mysterien der Blattbildung nicht zu enthüllen, bis ein neues fruchtbringendes Moment, die Entwicklungsgeschichte, sich in den Kreis der Betrachtungen mischte. Damit hebt in den vierziger Jahren unseres Jahrhunderts eine neue Epoche an, nachdem kurz zuvor, im Jahre 1834 und in den folgenden Jahren, die von idealistischen Principien getragene Schimper-Braun'sche Spiraltheorie als eine vollendete Thatsache in die Welt trat und der Morphologie neue und mächtige Impulse gegeben hatte. Steinheil war der erste, welcher 1837 die Frage nach dem Begriff des Blattes durch die vergleichende Betrachtung verschiedener Altersstufen zu entscheiden suchte und eine auf die Entwicklungsgeschichte des Blattes sich stützende Definition desselben gab. Dann erhob sich der Streit zwischen Schleiden und dem ihm folgenden Mercklin (1846) einerseits welche das Blatt am Grunde wachsen lassend, dasselbe gleichsam aus dem Stamm hervorgeschoben dachten, und Nägeli andererseits, welcher das Blatt wie einen Stamm mit Spitzenwachsthum behaftet darstellte. Den wesentlichsten Fortschritt brachte die Frage durch Trécul (Ann. sc. nat. Sér. 3. T. XX. 1853), welcher nachwies, dass die Blattentwicklung auf die mannichfaltigste Weise vor sich gehen kann. Hier setzte nun Eichler ein. Seine Untersuchungen sollten weder den Widerstreit zwischen Schleiden und Nägeli schlichten, noch den Gegenstand völlig erschöpfen; sie sollten vielmehr die wesentlichen Momente in der Entwicklung phanerogamischer Blattgestalten hervortreten lassen.*)

So unterscheidet Eichler zunächst eine gleichzeitige (simultane) und eine nichtgleichzeitige (succedane) Entstehung der ganzen Blattanlage,welche er als Primordialblatt bezeichnet und welche auf der ersten Stufe der Weiterentwicklung in den Blattgrund oder das Unterblatt und das Oberblatt sich scheidet, aus welchem letzteren die Blattscheibe und später der

*) Vgl. Eichler's Diss. p. 5.

sich eventuell einschaltende Blattstiel hervorgeht. An der Spreite unterscheidet Eichler scharf die Glieder I., II., III...., Ordnung und kommt durch den Vergleich der Glieder derselben Ordnung (welche allein vergleichbar sind) zur Unterscheidung von acht Entwicklungstypen, welche wiederum zu Combinationstypen zusammentreten können. Die Stipulargebilde (freie Stipeln, Stipulae adnatae und totale Stipularbildungen) weist Eichler als Erzeugnisse des Blattgrundes nach, auch lehrt er dadurch die richtige morphologische Deutung der Ochrea, der geschlossenen Tute des Platanenblattes und des Blattwirtels der Rubiaceen kennen. Auch die fernere Zeit brachte uns Arbeiten über die Genesis der Laubblätter; so die Mittheilungen über die Entstehung der Ascidien von Cephalotus und Nepenthes (1880 und 1881), ferner die Mittheilung über die „Ueberspreitung" bei Michelia Champaca, vor allem aber die schöne Arbeit über die Entwicklung der Palmenblätter. Wir dürfen wohl behaupten, dass durch diesen Cyclus von Arbeiten durch Eichler die organogenetischen Verhältnisse der Phanerogamenblätter, soweit es exomorphe Charaktere betrifft, fast zum Abschluss gebracht worden sind.

Das eingehende Studium der Laubblattentwicklung bildete nun ein Fundament, auf welchem sich das Verständniss für die ungleich schwierigeren Verhältnisse, auf die wir in der Blütenregion der höheren Pflanzen treffen, gründete. Eichler betrat dies neue Feld, als er die Bearbeitung der Gymnospermen für die Flora Brasiliensis übernahm. Freilich kam er hier auf eines der schwierigsten Gebiete, gerade auf diejenige Pflanzengruppe, bei welcher sich der Uebergang von den blütenlosen zu den blütentragenden Formen vollzieht, oder um es vielleicht noch schärfer hervorzuheben, zu der Gruppe, wo die Geschlechtsorgane gerade auf dem Wege sind, ihren morphologischen Werth auf den metamorphosirter Blätter zu bringen. Eichler hat sich auch mit der Morphologie der Coniferenblüte bis in die letzten Jahre seines Lebens eingehend beschäftigt und dabei wiederholt frühere Auffassungen fallen lassen. Zunächst hatte er (1862) die Schuppe der weiblichen Araucaria-Zapfen für ein geschlossenes, eineiiges Fruchtblatt erklärt und damit einem Theil der Coniferen die Gymnospermie abgesprochen. Von dieser Auffassung trat er jedoch schon 1863 in dem Excursus morphologicus de formatione florum Gymnospermarum in der Fl. Bras. zurück. Er erklärte damals die antherentragende Schuppe der Gymnospermen für ein wahres Blattorgan (Staubblatt), jedes männliche Kätzchen für eine männliche Blüte, die verästelten Kätzchen für ein Inflorescenz; der Spadix der Cycadeen war ihm ein offenes Carpidium mit nackten Eichen, wogegen die Eichen der Coniferen mit einem oder mit zwei Integumenten bedeckt sein sollten. Seiner Dignität nach galt jedes Ovulum der Coniferen als ein Achsengebilde, eine ganze Blüte. Diese sollte axillar, bald nackt, bald mit Vorblättern, bald sitzend, bald gestielt, in den Achseln von Laubblättern oder Bracteen sitzen. Zehn Jahre vergingen, bis die Strasburger'sche Bearbeitung der Coniferen und Gnetaceen erneute Erörterungen veranlasste, durch welche Eichler die Strasburger'sche Pistillartheorie bezüglich der Deutung der Ovula der Gymnospermen bekämpfte und für die von Braun und ihm vertretene „Ovulartheorie", welche an der Gymnospermie festhält, eintrat. Aber bereits 1875 erklärte er sich in seinen Blütendiagrammen (p. 63) zu Concessionen bereit, indem er die Schwächen der Ovulartheorie anerkannte und schliesslich den Vorschlag machte, man solle „das kritische Organ der Coniferen weder als Ovulum noch als Fruchtknoten betrachten, sondern als ein Gebilde indifferenten Charakters, das aber die Fähigkeit hat, sich durch weitere Metamorphose einerseits zum entschiedenen Ovulum, andererseits zum typischen Fruchtknoten zu entwickeln".

Nun hatte Eichler bereits bei dem Erscheinen des zweiten Theiles der Blütendiagramme (1878) seine frühere Auffassung des morphologischen Werthes des Phanerogamenovulums im allgemeinen fallen lassen, so dass eine neue Erörterung der Gymnospermie als eine nothwendige Folge jener Schwenkung angesehen werden musste. Stenzel's Untersuchungen über Durchwachsungen an Fichtenzapfen gaben den äusseren Anstoss, und so finden wir 1881 die ganze Frage nochmals umgearbeitet. Eichler kommt dabei auf die in Sachs' Lehrbuch entwickelten Ansichten über die Gymnospermie, betreffs welcher von Eichler der Gegensatz zur Angiospermie dahin ausgesprochen wird, dass bei allen Gymnospermen den Fruchtblättern jegliche Narbenbildung fehlt, selbst dann, wenn die Carpiden (wie bei Juniperus) an Fruchtknotenbildung erinnern; der Pollen gelangt bei allen Gymnospermen unmittelbar zum Ovulum. Dagegen sind bei allen Angiospermen die Carpiden durch Narbenbildung auf's schärfste gekennzeichnet und dadurch zur Aufnahme des Pollens vorgebildet, auch in den Fällen, wo die Carpiden (wie bei den Resedaceen) offen sind. Das Ovulum der Gymnospermen (wie der Phanerogamen überhaupt) ist dabei ein von den höheren Kryptogamen vererbtes Macrosporangium, eine Bildung sui generis. An diese Erörterungen schliessen sich dann seine Auffassungen betreffs des morphologischen Werthes der Abietineenfruchtschuppe (1881, 1882). Auch hier schwankte Eichler wiederholt, „weil ihm die Thatsachen Zwang angethan"*), bis er endlich zu der Auffassung gelangte, dass die Abietineenschuppe ein Blatt mit Doppelspreitung darstelle.

Uebrigens mag hier der eigenthümliche Zufall erwähnt werden, dass die beiden ersten Gebiete, welche Eichler in der Botanik betrat, Entwicklung des Blattes und Bearbeitung der Gymnospermen, in gleicher Reihenfolge das Ende seiner Wirksamkeit markiren. Seine letzte grössere Mittheilung in den Abhandlungen der Akademie betrifft die Entwicklung der Palmenblätter, die letzte Mittheilung in den Berichten der Deutschen botanischen Gesellschaft die Ueberspreitung an den Blättern von Michelia und nach seinem Tode erscheint nunmehr die Bearbeitung der Gymnospermen in Engler's Pflanzenfamilien, eine Arbeit, zu welcher Eichler noch im letzten

---

*) Sitzungsbericht. Ges. Naturf. Freunde. Berlin. 1882. p. 84.

Lebensjahre eifrige Studien trieb, und deren Correctur er sich selbst auf dem Krankenbette nicht nehmen liess.

Eine dritte Reihe morphologischer Fragen drängte sich Eichler bei der Bearbeitung der Magnoliaceen und Menispermaceen für die Fl. Bras. auf. Eine Frucht jener Zeit ist seine anatomische Bearbeitung der anomalen Holzbildungen der Menispermaceen (1864), welchen er einen Excursus anatomicus in dem betreffenden Fascikel der Fl. Bras. widmete; eine zweite Mittheilung vorwiegend anatomischen Inhalts betrifft den Bau von Drimys Winteri und Trochodendron aralioides.

Viel ergiebiger wurde für die Lösung morphologischer Probleme Eichler's monographische Bearbeitung der Crucifloren. Er verfolgte zunächst die Entwicklungsgeschichte der Fumariaceenblüte und entschied daraufhin den Streit der fünf von de Candolle, Gay, Krause, Bernhardi und Asa Gray vertretenen Theorien über die Deutung des Fumariaceen-Androeceums zu Gunsten des letztgenannten, wonach die dreigliedrige Staubgefässphalanx als morphologisches Aequivalent eines einzigen Blattes betrachtet werden muss. Noch bedeutsamer wurde die Untersuchung der Cruciferenblüte, für welche Lindley und Kunth eine Aborttheorie, Moquin-Tandon und Webb eine Spaltungstheorie aufgestellt hatten. Eichler tritt auf Grund seiner entwicklungsgeschichtlichen Untersuchungen der letzteren bei, kommt aber zugleich zu viel allgemeineren Principien betreffs der Möglichkeit der Spaltung von Blattanlagen, welche er in die vier Sätze zusammenfasst *):

1. Ein einfaches Blattorgan kann vertreten werden durch zwei von einander getrennte, welche sich (in Stellung, Gestalt, Nervatur etc.) wie seine Hälften verhalten.

2. Hälften dieser Art können durch zwei Blätter ersetzt werden, welche sich wieder wie vollständige und ganze Blattorgane verhalten.

3. Demnach ist es eine morphologische Möglichkeit, dass ein einziges einfaches Blattorgan durch zwei von einander getrennte vertreten wird, welche sich je nach Umständen wie seine Hälften verhalten oder ihm gleich sind.

4. Ein einfaches und ganzes Blattorgan kann durch eine beliebige Anzahl getrennter Stücke vertreten werden, welche sich im Aeusseren bald wie Segmente des ganzen, bald wie dieses selbst verhalten.

Damit ist die Möglichkeit einer verschiedenen Spaltung gegeben, der Spaltung im engeren Sinne, bei welcher eine Einheit in eine bestimmte Anzahl von Theilen zerlegt wird, und der sogenannten Chorisis, bei welcher statt einer Einheit eine Mehrheit

---

*) Flora. 1865. p. 515—516. Ich citire diese Stelle etwas verkürzt.

auftritt.*) Das „Dédoublement" im Androeceum der Cruciferenblüte fällt demnach unter den weiteren Begriff der Chorisis.

Für die Capparideen wird auf Grund der Entwicklungsgeschichte die Behauptung aufgestellt, dass das gesammte polyandrische Androeceum aus nur vier, zwei zweigliedrigen decussirten Wirteln angehörigen Staubgefässcomplexen besteht.

Uebrigens ging Eichler wiederholt (1869 und 1872) in besonderen Mittheilungen auf die Dedoublementstheorie bezüglich des Cruciferenandroeceums ein. Andererseits spielen die Spaltungserscheinungen in den „Blütendiagrammen" vielfach eine wichtige Rolle bei der Erörterung des Blütenbaues.

Kleinere Mittheilungen, welche sich an die systematischen Arbeiten für die Flora Bras. anlehnen, sind die Notiz über die polycotyledonen Embryonen von Psittacanthus (Loranthaceae), die Aufsätze über Balanophoreen (1867, 1868, 1885), die Betrachtungen über die Blattstellung einiger Alsodeien (Violaceen). Hierzu gesellt sich eine Reihe morphologischer Aufsätze; so 1878 die Mittheilung über den Blütenbau von Canna, 1879 über die Inflorescenz von Taccia cristata und die Besprechung einer Füllung von Campanula Medium, 1880 die Abhandlung über die Wuchsverhältnisse der Begonien, Noten über die Blattstellungsverhältnisse bei Liriodendron und Magnolia-Arten, eine Mittheilung über die Transversalzygomorphie der Haemodoraceae Wachendorfia, 1881 die Aufsätze über Inflorescenzbulbillen, Beisprosse ungleicher Qualität, den Aufbau der Weinrebe, 1882 die Erörterung der Unabhängigkeit der Carpidenstellung bei der Einschaltung mehrerer alternirenden Corollen bei den Füllungen von Platycodon, die Mittheilung über das merkwürdige Verhalten der bodenwärtswachsenden Zweige von Anona rhizantha, 1883 die umfangreiche Bearbeitung der Morphologie der Marantaceen, an welche sich die Mittheilungen von 1884 über den Bau der Zingiberaceen und 1885 die Discussion einer Abnormität von Maranta anknüpfen.

Die bedeutsamste Hinterlassenschaft des Morphologen Eichler bildet jedoch die Bearbeitung der Blütendiagramme. Es dünkt uns zwecklos, ja gerade einem Nachrufe an Eichler, dem bescheidenen Forscher, unangemessen, wollten wir hier alle Vorzüge dieses Werkes mit superlativen Lobreden zusammenstellen; viel erspriesslicher will es uns scheinen, dass wir auf das Positive hinweisen, was uns mit jenem Werke gegeben worden ist, dessen Beurtheilung wiederum nur an der Hand der geschichtlichen Thatsachen sich vollziehen kann.

Den Aufschwung der botanischen Wissenschaft im Anfange unseres Jahrhunderts kennzeichnet zunächst die endgültige Emancipation der Morphologie als eines selbstständigen Zweiges der Botanik,

---

*) Diese Unterscheidung soll von Moquin-Tandon herrühren. Man könnte beide Vorkommnisse graphisch bezeichnen durch das Bild:

Spaltung s. str. heisst: $1 = \frac{1}{x} + \frac{1}{x} + \frac{1}{x} + \ldots$

Chorisis bedeutet: Statt 1 setze $1 + 1 + 1 + 1 + \ldots$

welche beinahe für das ganze vorige Jahrhundert, besonders für
Linné allein in der Systematik aufging, eine Verkehrtheit, welche
die Laienwelt eines ganzen Jahrhunderts nach Linné bis in unsere
Tage beherrscht. Die Metamorphosenlehre und de Candolle's
Lehre von der Symmetrie, — eine vergleichende Morphologie —
hatten die endgültige Emancipation der Morphologie, der Dienerin
der Systematik, angebahnt, die Schimper-Braun'sche Blatt-
stellungslehre machte die Trennung zu einer absoluten. Es machte
sich eben die Macht der Thatsachen geltend. Das Centrum für die
neue Richtung erblicken wir in Alexander Braun, jenem
herrlichen und unvergesslichen Charakter, dem es vergönnt war,
mehr als vierzig Jahre hindurch eine stattliche Reihe von
Jüngern für unsere Wissenschaft heranzuziehen und ihm nach-
eifern zu sehen. Es tritt die Aera der Arbeiten ein, durch
welche die Namen Röper's, Döll's, Wydler's, Irmisch's,
Buchenau's, Hofmeister's und vieler anderer ihren Glanz
erwarben; im Auslande arbeiteten besonders Warming, Celakovský, Baillon im gleichen Sinne, und im Verfolg entwicklungsgeschichtlicher Untersuchungen ragt vor allen Payer
hervor. Eichler, obwohl kein Schüler Braun's, trat mit
seiner jungen Kraft und mit vollem Verständniss auf die Bahn der
neuen Forschungsrichtung, deren Gebiet weiter und weiter wurde,
bis die Fülle der errungenen Kenntnisse zu einer unübersehbaren zu
werden drohte. Braun war es nicht beschieden, als Nestor mit
einer umfassenden Darstellung der Morphologie seine Laufbahn
zu beschliessen. Eichler war es, der hier helfend eingriff und
mit seinen Blütendiagrammen wenigstens einen würdigen Schluss-
stein für das stolze Gebäude der Blütenmorphologie schuf. Wie
einst Linné ein unsterbliches Verdienst erwarb durch die
geschickte Verwerthung alles dessen, was seine Vorgänger
auf dem Gebiete der Botanik erreicht hatten, so fasste Eichler
in seinen Blütendiagrammen die Resultate der glänzendsten Epoche
der Morphologie zu einer imposanten Einheit zusammen. Dabei
muss aber besonders betont werden, dass es sich hier nicht um die
geschickte Zusammenfassung eines Compilators handelt. Die Blütendiagramme sind das Werk eines der eifrigsten Förderer und
Mitarbeiters am Ganzen und das Resultat einer sichtenden, scharf
urtheilenden und überall auf Selbständigkeit und auf Nachunter-
suchung sich gründenden Kritik. Dass die Blütendiagramme implicite
die vor ihnen erschienenen Arbeiten Eichler's enthalten, erscheint
als selbstverständlich, wenn auch von diesen wie von allen anderen
zur Berücksichtigung gelangten nur das Wesentliche aufgenommen
wurde, wie denn überhaupt das ganze Werk sich durch seine wahrhaft
klassische Kürze auszeichnet. Eichler besass eben in erstaunlichem
Maasse die Gabe, mit wenig Worten viel zu sagen und das Richtige
dabei zu treffen. Dadurch zeichnet sich seine Stylistik so ausserordentlich vortheilhaft aus, ja wir können es uns nicht versagen,
hier eine Probe anzuführen. Die Charakteristik der vierten Reihe
der Choripetalen gibt Eichler auf p. 288 des zweiten Theiles
der Blütendiagramme mit den Worten:

„Wenn man dem Namen Eucyclicae die dreifache Bedeutung beilegt, dass 1) die Blüten cyklisch gebildet, 2) die Zahlenverhältnisse der Kreise nicht durch Spaltungen verwischt und 3) die ursprüngliche Insertion der Cyklen nicht durch Peri- oder Epigynie verändert ist, so hat man im Namen zugleich die Charakteristik der Reihe."

Solcher Muster von Klarheit bei aller Kürze liessen sich in Fülle anführen.

Dass denn auch der Werth der „Blütendiagramme" rückhaltlos von den bedeutendsten Morphologen unserer Zeit anerkannt wurde, sodass das Erscheinen des zweiten Theiles derselben sogar mit Ungeduld erwartet wurde, kann nicht erstaunen, um so weniger, da das Buch mehr leistet als der Titel besagt.*) Braun beurtheilte die „Blütendiagramme" als ein für jeden Systmatiker und Morphologen unentbehrliches Handbuch, eine Prophezeiung, welche sich glänzend bewährt hat. Es ist zunächst ein Handbuch der speciellen Blütenmorphologie, doch geht es fast überall auf den morphologischen Aufbau der Inflorescenzen, theilweise auch auf die specielle Morphologie der Vegetationsorgane ein. Hier mag aber hervorgehoben werden, dass in dem Buche besonders in der Einleitung und den sich anknüpfenden Anmerkungen zum ersten Theil sowie in den Berichtigungen und Zusätzen wie in der Vorbemerkung, welche der zweite Theil brachte, die Stellung Eichler's zu den Cardinalfragen der allgemeinen Morphologie der höheren Pflanzen so vielfach erörtert wird, dass hier auf diesen Punkt kurz eingegangen werden soll.

Was zunächst den Begriff der Blüte betrifft, so sollte es mit seiner Bestimmung nicht anders gehen, wie mit allen Definitionen über organische Bildungen, „sie lassen sich nicht mit absoluter Schärfe und Gültigkeit aufstellen." **) Die Schwierigkeit fällt jedoch, wenn man, wie es Eichler selbst thut†), mit Celakovský die Placenten und Ovula überall als Theile der Fruchtblätter betrachtet. Die Blüte ist dann immer ein einfacher Spross.

Dass Eichler an der Spaltungstheorie der Blattanlagen festhielt, ja dass er diese Theorie wesentlich ausgebildet und befestigt hat, wurde schon oben erwähnt. Eichler schliesst sich sogar der Idee eines „congenitalen Dedoublements", wie sie Payer aufstellte, an. Dazu führte mit Nothwendigkeit die Anerkennung der von de Candolle in die Morphologie eingeführten Aborttheorie, welche von Eichler selbst da als berechtigt anerkannt wird, wo sich ein Organ nicht mehr durch directe Beobachtung nachweisen lässt, seine typische Anwesenheit aber aus der vergleichenden Betrachtung erschlossen werden kann, in welchem Falle das Organ als „im Plane des betreffenden Systemes liegend" angesehen wird.

---

*) Dies treffende Urtheil sprach Čelakovský in der Flora, 1878, p. 284 aus.
**) Blütendiagramme. I. p. 3.
†) Ebenda. II. p. IX und XV.

Eichler's diesbezügliche Auffassung lässt sich übrigens leicht in ihrem Werden verfolgen. Zunächst bemerkte Eichler in einer Fussnote auf p. 8 seiner Dissertation: „Von Abort kann überhaupt nur die Rede sein da, wo zum Begriff des betreffenden Organs ein oder der andere Theil nothwendig gehört und dieser nachweislich in jüngeren Zuständen vorhanden war, in der späteren Entwicklung aber zur Unkenntlichkeit verkümmerte." Eine wesentliche Erweiterung der Auffassung finden wir in der auf p. 101—102 der Flora von 1869 gegebenen Anmerkung, in welcher die Nägeli-Leitgeb'sche Angabe über das Latentbleiben gewisser Blätter von Psiolotum in Beziehung gesetzt wird zu ähnlichen Vorkommnissen bei den Phanerogamen. Die Entwicklungsgeschichte lässt hier den Beobachter geradezu im Stich, doch kann dann der Mangel an zwingenden Gründen ersetzt werden durch die Gründe grösserer oder geringerer Wahrscheinlichkeit, welche sich aus der vergleichenden Methode ergibt. Noch entschiedener spricht sich Eichler's Auffassung wieder in einer Anmerkung (auf p. 215 der Botan. Zeitung von 1873) aus: Abort ist nicht durch unmittelbare Beobachtung nachzuweisen; die Annahme desselben rechtfertigt sich jedoch durch phylogenetische Erwägungen. In ganz gleichem Sinne spricht sich Eichler nochmals 1876 in der Polemik gegen Reuther (Botan. Zeitg. p. 517) aus. Endlich finden wir dann die ausführlichste Darlegung über Abort und Ablast im ersten Theile der Blütendiagramme, auf p. 6 und der dazu gehörigen Anm. 5 auf p. 52.

Die Schimper-Braun'sche Spiraltheorie lässt Eichler unangefochten. Die im ersten Theile der Blütendiagramme (p. 15) behauptete fundamentale Unterscheidung zwischen Spiral- und Quirlstellung, welche letztere ein thatsächliches und ursprüngliches Stellungsverhältniss ohne Beziehung zur Spiralstellung darstelle, zog Eichler im zweiten Theile (p. XIV) zu Gunsten der Ansicht zurück, wonach Quirle zusammengezogene Spiralen darstellen.

In der Stellungnahme zur Frage nach der Dignität der Samenknospe und der Placenten schwankte Eichler wiederholt. Zunächst war er mit Anderen der Meinung, die Dignität des Ovulums der Phanerogamen sei verschieden bei verschiedenen Pflanzen, das Ovulum sei bald Spross, bald Blatt, bald Blattzipfel, bald Trichom. Diese Auffassung gibt er auf p. 45 des ersten Theiles der Blütendiagramme zu Gunsten der von Braun und später von Strasburger vertretenen Ansicht von der Knospennatur des Ovulums auf.*) Im zweiten Theile zieht Eichler die Frage nochmals in Erwägung (p. XVII—XVIII) und entscheidet sich nunmehr für Celakovský's Deutung, wonach die Ovula als metamorphosirte Segmente der Fruchtblätter aufzufassen sind. Wir haben aber schon oben bei Besprechung der Gymnospermie darauf hingewiesen, dass Eichler's Ansicht über das Ovulum noch einmal eine Wandlung erfuhr, und dass er sich von Celakovský's

---

*) Der Funiculus und der Nucellus sind danach Achsengebilde, die Integumente zumeist acrofugal gebildete Blätter.

Feliolartheorie wieder offen lossagte.*) Eichler sah ein, dass das Ovulum weder allerwärts einem Blattsegmente noch allerwärts einer Knospe entspreche, dass es überhaupt nicht aus der Metamorphose eines dieser beiden Gebilde hervorgegangen sei. Man muss die Natur des Ovulums vielmehr von dem Macrosporangium der Archegoniaten ausgehend auffassen. Das Ovulum ist danach eine Bildung eigener Art.

Auch die Placenten sind zunächst (Blütendiagr. I. p. 46) für Eichler Organe verschiedener Dignität (bald Caulome, bald Phyllome, bald die Ränder solcher). Diese Auffassung zieht Eichler auf p. XV des zweiten Theiles zurück und erklärt sich mit Celakovský für ihre durchgängige Carpellbürtigkeit.

Die Natur der unterständigen Fruchtknoten erörterte Eichler auf p. 50 des ersten Theiles der Diagramme. Er hielt an der Meinung fest, dass die Hauptrolle bei der Bildung der Fruchtknoten epi- und perigyner Blüten „becherartigen Achseneffigurationen" zuzuschreiben sei.

Die Frage nach der wechselnden Dignität der Staubblätter hält Eichler für ungelöst.

Endlich verdient noch die Frage nach der Obdiplostemonie, welche in der Eichler'schen Systematik von hervorragender Bedeutung wird, eine Erwähnung an dieser Stelle. Auf p. 51 des ersten Theils der Diagramme acceptirte Eichler die von St.-Hilaire aufgestellte Theorie der serialen Spaltung einer Anlage, aus welcher je ein Kronblatt und das zugehörige epipetale Staubblatt hervorgehen sollte. Auf p. XVIII des zweiten Theiles nimmt Eichler diese Ansicht zurück, um sich der Celakovský'schen Deutung der Obdiplostemonie, aus Verschiebung der Anlagen einer Diplostemonie entstehend, anzuschliessen.

Wir glauben mit dieser Darstellung Eichler's Standpunkt in der Morphologie zur Genüge gekennzeichnet zu haben. Wenden wir uns nun der systematischen Seite zu. —

Das weite Gebiet der Systematik mit klarem Blick beherrschen lernen, ist nicht Jedermanns Ding, ja man kann wohl behaupten, liegt gar nicht einmal in der Sphäre des Könnens jedes Menschen, auch nicht jedes bevorzugten Geistes, geschweige denn jedes Durchschnittsmenschen, vorausgesetzt, dass wir unter Beherrschen des Systemes nicht nur die Anhäufung eines unbegrenzten Gedächtnissschatzes verstehen, aus welchem man jederzeit Namen, Namen und nochmals Namen in endloser Menge wie aus einem Füllhorn ausschütten kann. Das hiesse Vielwissen mit Wissen verwechseln. Wahres Wissen beruht auf Erkenntniss, ist „Erkanntnaben"; die Erkenntniss aber ist nichts anderes als durchgeistigte Erfahrung. In der Systematik hängt die Erfahrung an der lebendigen Natur, mit ihr ist die moderne Systematik lebendig und ihre Beherrschung verlangt ein lebendiges, geistiges Erfassen der Thatsachen. In solchem Sinne ist die Systematik nicht nur nicht todt, „wie das Heu der Herbarien", sondern übt sie einen

---

*) Man vergleiche Sitzber. Ak. Wiss. Berlin. 1881. Anm. 1 auf p. 1044.

eigenen Reiz, der ja freilich nicht bei jedem Charakter zur Ausschlag gebenden Neigung zu werden braucht. Bei Eichler war dies letztere der Fall.

Nun kann man immerhin die Systematiker noch in zwei Gruppen sondern. Den einen bildet das eine oder das andere Gebiet der Systematik, auch wohl mehrere, ein circumscriptes Feld der Thätigkeit, der Durchforschung und Durchgeistigung, auf welchem sie dann wohl als Autoritäten gelten; die anderen trachten, oft mit einer gewissen Energie über die engere Specialforschung hinweggehend, mit grösserer oder geringerer Genialität das System als Ganzes, entsprechend dem jeweiligen Stande unseres Wissens, in sich aufzunehmen. Suchen wir Eichler's Werth als Systematiker zu schätzen, so müssen wir gestehen, dass er beiderlei Gruppen der Systematiker zugleich angehört, und darin erblicken wir zum nicht geringen Theile seine hervorragende Bedeutung, darauf gründet sich der Ruf, der ihm im Leben voranging und der ihm in der Geschichte der Systematik gewahrt bleiben wird.

Eichler begann seine systematischen Studien mit der Berufung durch Martius; die Flora brasiliensis fördern helfen, war der Zweck, zu welchem Eichler nach München ging. Fast alle seine umfangreicheren Specialarbeiten sind denn auch in diesem classischen Florenwerke niedergelegt. Hier erschienen in einem Zeitraume von noch nicht 8 Jahren (bis Mitte des Jahres 1869) die Bearbeitungen der Cycadeen, Coniferen, Dilleniaceen, Magnoliaceen, Winteraceen, Ranunculaceen, Menispermaceen, Berberidaceen, Capparideen, Cruciferen, Papaveraceen, Fumariaceen, Combretaceen, Loranthaceen, Oleaceen, Jasmineen und Balanophoreen — eine stattliche Reihe. Dabei muss noch in Rechnung gezogen werden, dass alle übrigen in diesen Zeitraum fallenden Monographien der Flora brasiliensis durch Eichler's Hände gingen, ebenso wie später, nachdem das geistige Erbe Martius' auf ihn übergegangen war, alle neu einlaufenden Manuscripte von ihm durchgearbeitet wurden. Aus seiner Feder stammen nach Martius' Tode noch die Bearbeitungen der Violaceen, Sauvagesiaceen, Bixaceen, Cistaceen, Canellaceen, Crassulaceen und Droseraceen. Im Jahre 1873 erschien die Monographie der Balanophoreen in de Candolle's Prodromus, der Berliner Aera gehören die Arbeiten über die Systematik der Marantaceen an, welche mit den Studien über die Verwandtschaft der Zingiberaceen, Cannaceen und Musaceen in Zusammenhang stehen. Endlich erwähnen wir die systematische Bearbeitung sämmtlicher Gymnospermen (Cycadeen, Coniferen und Gnetaceen) für die von Engler und Prantl herausgegebenen „Natürlichen Pflanzenfamilien".

Was diese Arbeiten und die hier gar nicht besonders erwähnten kleineren Mittheilungen systematischen Inhaltes, über welche uns das Verzeichniss der Eichler'schen Werke Auskunft gibt, der Systematik geleistet haben, lässt sich wiederum nicht erschöpfend in den engen Grenzen dieses Nachrufes mittheilen. Hier mögen nur einige Thatsachen Erwähnung finden.

Zunächst förderte **Eichler** mit der wiederholten Erörterung der Gymnospermie die Systematik der Coniferen in hervorragendem Maasse. Anfänglich (1862) gruppirte er sie in:

Araucarieae,
Abietineae,
Cunninghamieae,
Cupressineae.

In der Flora brasiliensis finden wir bald darauf die Gliederung der Ordnung in 3 Subordines mit 9 Tribus, nämlich:

I. Subordo: *Pinaceae.*
    trib. I. Araucarieae.
    „ II. Abietineae.
    „ III. Cunninghamieae.
    „ IV. Taxodineae.

II. Subordo: *Cupressaceae.*
    trib. V. Cupressineae.
        subtrib. 1. Cupress. verae.
        „ 2. Actinostrobeae.
        „ 3. Juniperinae.
        „ 4. Diselmeae.

III. Subordo: *Taxaceae.*
    trib. VI. Dacrydieae.
    „ VII. Podocarpeae.
    „ VIII. Taxeae.
    „ IX. Salisburgeae.

Im Syllabus der Vorlesungen finden wir noch wesentlich dieselbe Dreitheilung in

a) *Taxineae,*
b) *Cupressineae,*
c) *Abietineae,*

während die nach **Eichler's** Tode zur Ausgabe gelangte Bearbeitung der Coniferen auf die **Lindley**'sche Theilung in gewissem Sinne zurückgreift. Wir finden hier die Anordnung:

I. *Pinoideae.*
    1. *Abietineae.*
        a. Araucariinae.
        b. Abietinae.
        c. Taxodiinae.
    2. *Cupressineae.*
        a. Actinostrobinae.
        b. Thujopsidinae.
        c. Cupressinae.
        d. Juniperinae.

II *Taxoideae.*
    3. *Podocarpeae.*
    4. *Taxeae.*

Die monographische Bearbeitung der Menispermaceen führte zur Aufstellung der drei neuen Gattungen Disciphania, Sychnosepalum und Somphoxylon und zur Kenntniss von mehr als 20 neuen Arten, deren Aufzählung wir uns versagen dürfen. Die Winteraceen wurden auf Grund anatomischer Verschiedenheiten in die Unterfamilien der Wintereen und Trochodendreen getheilt. Der Bearbeitung der Combretaceen entnehmen wir die Aufstellung der Genera Buchenavia (mit 8 neuen Species) und Thiloa[*]), deren 5 neue Species auf die Untergattungen Hemiaphanes und Hemispadon vertheilt sind.

Eine ausserordentliche Bereicherung an systematischen Thatsachen brachte die Monographie der brasilianischen Loranthaceen. Neben den neuen Gattungen Phrygilanthus, Dendrophthora und Ixidicum finden wir eine Fülle neuer Arten[**]) in den Gattungen Psittacanthus, Phthirusa, Struthanthus, Oryctanthus, Arceuthobium, Phoradendron und Eubrachion verzeichnet.

Nicht minder werthvoll ist die Monographie der Balanophoreen, jener hochinteressanten und formenreichen Gruppe der exotischen chlorophylllosen Wurzelschmarotzer, die in Eichler ihren gründlichsten Bearbeiter gefunden haben. Neu ist von ihm das Genus Lathrophytum hinzugebracht worden, während das später aufgestellte Genus Bdallophytum sich mit dem bereits beschriebenen Genus Cytinus identisch erwies. In der späteren Bearbeitung der Balanophoreen in de Candolle's Prodromus finden wir die Arten in nicht weniger als 8 Tribus untergebracht als

    I. Cynomorieae.
   II. Mystropetaleae.
  III. Sarcophyteae.
  IV. Lophophyteae.
   V. Scybalieae.
  VI. Helosideae.
 VII. Langsdorffieae.
VIII. Balanophoreae.

Erwähnen wir endlich noch die systematische Bearbeitung der Marantaceen, deren amerikanische Genera Maranta, Stromanthe, Ctenanthe †), Saranthe, Thalia, Ischnosiphon und Calathea kritische Sichtung erfuhren, so dürften diese Beispiele genügen, um die fruchtbare Thätigkeit Eichler's auf special-systematischem Gebiete zu kennzeichnen.

Allein auch hier ist es nicht die Quantität des bearbeiteten systematischen Stoffes, welche seinen Ruf begründet. Eichler war kein Freund solcher systematischen Arbeiten, in welchen nach einer gewissen Schablone Genus auf Genus, Species auf Species in ununterbrochenem Einerlei abgehandelt wird, solcher Arbeiten, deren Werth man nur zu gern „mit der Elle misst", welche im

---

[*]) Nach Thilo Irmisch benannt.
[**]) Wohl einige 60.
†) Ein von Eichler aufgestelltes nov. gen. aus Arten der Gattung Maranta L. Sect. Saranthe Kcke. und der Gattung Myrosma Benth. et Hook.

günstigsten Falle nur der interessirte Specialist in die Hand nimmt, während jeder Andere ihren Titel liest, um sie hinterher bei Seite zu legen oder sie der Bibliothek zum Verstäuben einzuverleiben. *) Die nicht wegzuleugnende Monotonie derartiger Monographien wusste Eichler durch die Einflechtung morphologischer, anatomischer und entwicklungsgeschichtlicher Erörterungen zu umgehen. Hierbei gewannen die Arbeiten obenein ausserordentlich an Gründlichkeit, auch liegt in dieser Durchdringung des Stoffes die Eigenartigkeit und das Musterhafte der Eichler'schen systematischen Specialarbeiten. Sie durchweht der Geist einer bis zur Meisterschaft geschulten, vollendeten manuellen und geistigen Technik.

Wie nun Eichler als Specialforscher auf systematischem Gebiete hervorragt, so erhebt er sich unter den „Universalsystematikern" zu nicht minderer Höhe. Es führte dazu die fünfzehnjährige Arbeit für die Blütendiagramme. Da gab es ja keine Gruppe unter den Phanerogamen, welche nicht einer kritischen Beurtheilung unterworfen und mit wenigen Worten gekennzeichnet worden wäre; und wenn wir früher die classische Kürze der Blütendiagramme hervorgehoben haben, so finden wir jetzt den Schlüssel zum Verständniss dieser Thatsache in der systematischen „diagnostischen" Schulung. Eichler hatte in seinen systematischen Specialarbeiten gelernt in knappester Diagnose treffend zu kennzeichnen, mit wenigen Worten viel zu sagen. Die Form der „Blütendiagramme", ihre praktische Brauchbarkeit, verdanken wir jedenfalls dem Systematiker Eichler, ihr gediegener Inhalt gehört zum Verdienst des Morphologen. Nun sind freilich die Blütendiagramme gar nicht zu dem Zwecke geschrieben, Eichler's System der höheren Pflanzen zum vollen Ausdruck zu bringen. Ihr Verfasser gibt selbst an, dass er sich im Wesentlichen an das von Braun aufgestellte System der Anthophyten halte, während er im Einzelnen seinen eigenen Anschauungen folge. So sind in der Classe der Dicotyledonen die Apetalen Jussieu's, welche Braun den Sympetalen und Eleutheropetalen coordinirt, in sein System aufgenommen hatte, dem neueren Standpunkte der Wissenschaft entsprechend unter diese vertheilt worden. Eichler macht von diesem Fortschritte, welchem eine nicht zu unterschätzende Arbeitsleistung zu Grunde liegt, gar kein Aufhebens; es vollzieht sich diese Einordnung so zu sagen ganz im Stillen. Erst im Syllabus der Vorlesungen tritt uns Eichler' System als ein umfassendes, offenkundig neues entgegen, von dem er selbst sagt, „es schliesse sich am nächsten an Brongniart's System an und könne als eine Fortbildung desselben, das seinerseits wieder auf Jussieu's Schultern ruht, betrachtet werden." **) Die Uebersicht finden wir in dem Schema:

---

*) Eichler pflegte solche, namentlich umfangreichere Arbeiten mit dem besonderen Ausdruck „Wälzer" zu belegen.
**) Syllabus, 4. Aufl. 1886, Einleitung in das System.

A. *Cryptogamae.*
   I. *Thallophyta.* (Algae, Fungi incl. Lichenes.)
   II. *Bryophyta.* (Hepaticae, Musci.)
   III. *Pteridophyta.* (Equisetinae, Lycopodinae, Filicinae.)
B. *Phanerogamae.*
   I. *Gymnospermae.*
   II. *Angiospermae.* $\left(\text{Monocotyleae, Dicotyleae} \left\{ \begin{array}{l} \text{choripetalae.} \\ \text{sympetalae.} \end{array} \right. \right)$

    Haben wir Eichler's wissenschaftliches Wirken bisher von den beiden maassgebenden Standpunkten aus beleuchtet, so ist damit noch nicht alles erschöpft. Zunächst könnten wir gleichsam als Appendix zur Besprechung der Eichler'schen Morphologie seine teratologischen Mittheilungen hier in Betracht ziehen. Auf teratologische Vorkommnisse achtete Eichler bereits an der Schwelle seiner wissenschaftlichen Laufbahn: die Frage nach der Gymnospermie glaubte er ja zunächst durch die Erörterung einer abnorm gebauten Araucaria-Zapfenschuppe entscheiden zu können. Das war nun freilich eine Täuschung, welche zu einer zukünftig vorsichtigeren Ausbeutung der teratologischen Erscheinungen mahnen musste. In der That wird denn auch in den späteren Arbeiten der Teratologie keine entscheidende Stimme in strittigen Punkten zugestanden, wohl aber lässt sie Eichler innerhalb gewisser Grenzen als eine Stütze von Theorien zu, welche durch andere Erwägungen einen gewissen Grad der Wahrscheinlichkeit des rechtmässigen Bestehens bereits erlangt haben.

    So zieht Eichler 1869 die Entwicklungsgeschichte einer gefüllten Petuniablüte als ein lehrreiches Beispiel für die Bestätigung seiner Dedoublementstheorien heran, und 1872 bespricht er aus gleichem Grunde das Vorkommen der Carpellisation von Staubgefässen bei Cheiranthus Cheiri. Von geringerer Bedeutung sind die Mittheilungen über die Füllung der Blüten von Campanula Medium (1879) und Platycodon (1882), während die Besprechungen einer abnormen Alpinia-Blüte (1884) und einer abnormen Maranta-Blüte (1885) die Theorien über den Blütenbau der Zingiberaceen und Marantaceen bestätigend illustriren.

    Am bei weitem einflussreichsten wird die Herbeiziehung teratologischer Fälle bei der wiederholten Erörterung der Fragen bezüglich der Deutung der Coniferenblüten und ihrer Organe. Ich erinnere hier nur an die Discussion der Durchwachsungs-Erscheinungen an Fichtenzapfen aus den Jahren 1876, 1881 und 1882, besonders aber an die Deutung der Fruchtschuppe der Abietineen. Eichler deutete dieselbe ja schliesslich geradezu als eine zur Norm gewordene Abnormität, als ein constantes Vorhandensein einer Doppelspreitung, auf welches Vorkommen auch die Mittheilung über Michelia Champaca von 1885 wieder hinzielt.

    So wie nun Eichler die Teratologie in den Dienst der Morphologie stellte, so zog er die Ergebnisse seiner anatomischen Untersuchungen in seine systematischen Arbeiten hinein. Dass er auch hierbei gründlich zu Werke ging, zeigte zunächst die

Arbeit über die Secundärbildungen im Stamme der Phytolaccaceen, Dilleniaceen, Baubinien, Polygalaceen, etc.*) Mit diesen Untersuchungen standen die Mittheilungen über die systematische Stellung der Trochodendreen (1864, 1865) in Zusammenhang, ebenso der ausführliche Excursus anatomicus über den Bau des Stammes der Menispermaceen in der Bearbeitung dieser Familie im XXXVIII. Fascikel der Flora brasil. Eichler erweist sich hierin als einer der frühesten Vertreter der in neuester Zeit so fruchtbringend gewordenen anatomisch-systematischen Methode.

Ganz besonders werthvoll sind die anatomischen Untersuchungen, welche der Bearbeitung der Balanophoreen in der Fl. bras. beigegeben sind. Eichler hat hier nicht nur die vegetativen Organe anatomisch bearbeitet, er widmete ganz besondere Sorgfalt der anatomischen Untersuchung der Blütenorgane, insbesondere der Staubblätter und der Fruchtblätter. Die auf den Tafeln 2, 3, 6, 8, 12—14 gegebenen vorzüglichen anatomischen Abbildungen können noch heute den Phytotomen als mustergiltig vorgehalten werden, auch sind diese Untersuchungen heute keineswegs veraltet. Sie entsprechen unseren Anforderungen im vollsten Maasse, obwohl sie vor mehr als 20 Jahren durchgeführt wurden. Es mag hier auch nicht verabsäumt werden, auf die anatomischen Angaben zu verweisen, welche in der Arbeit über die Loranthaceen in der Fl. bras. enthalten sind, vornehmlich in dem Excurse: „Adversaria quaedam de Loranthacearum physiologia et morphologia" mit seinen 5 Abschnitten: I. Ubi crescunt et quomodo nutriantur. II. Germinatio; insertio; haustoria; radices. III. De caule et foliis. IV. De inflorescentiis. V. De floribus adhuc pauca. Der Aufsatz beweist aufs Schlagendste, welche Art der Systematik Eichler vertrat.

Dass Eichler auch in späterer Zeit mit den Fortschritten der Anatomie gleichen Schritt hielt, beweist seine Arbeit über die Entwicklung der Palmenblätter, noch mehr die 1886 erschienene rein anatomische Mittheilung über das Dickenwachsthum der Palmenstämme.

Die vorstehenden Erörterungen sind in der Absicht angestellt worden, das Positive, was Eichler der botanischen Wissenschaft geleistet hat, hervortreten zu lassen, um dadurch der historischen Werthschätzung Vorschub zu leisten. In dem Verfolge dieser Absicht scheint es nun nicht ohne besonderen Nutzen zu sein, wenn wir die gesammte Thätigkeit Eichler's von allgemeineren Gesichtspunkten aus zu durchleuchten versuchen, wobei zugleich die philosophische Seite und die Stellungnahme zu modernen Richtungen hervortreten soll.

Wir haben wiederholt auf die nüchterne Anschauungsweise, welche in Eichler's Charakter so vielfach zu Tage trat, hingewiesen; wir haben auch bereits erwähnt, dass die ruhige, unbeeinflusste Beurtheilung der Thatsachen den Grundzug der

---

*) Cfr. Denkschr. K. bair. bot. Ges. V. 1864, nach Weiss, Allg. Bot. p. 468, Anm. 1.

Eichler'schen Arbeiten ausmacht. Eichler stellte sich immer zunächst auf den Boden der Empirie; an das empirisch Gegebene knüpfte sich dann seine Speculation; er verfolgte mit anderen Worten den einzig naturgemässen Weg des Naturforschers, den Weg der Induction. Er war kein Naturphilosoph, der sich seine Speculationen construirte, um sie nachher durch geschickt gewählte Beispiele zu verificiren. Es spielt sich dabei in Eichler derselbe innere Läuterungsprocess ab, welcher gewissen Perioden der Philosophie ihr Gepräge verlieh. In seiner Erstlingsarbeit hätte sich Eichler am liebsten an die bare Empirie gehalten, er suchte ja jede Hypothese zu vermeiden.*) Freilich kommt man mit barer Empirie nicht weiter; man bleibt mit solcher nichts als der Registrator seiner eigenen Sinnesperception. Daher lässt denn auch die bare Empirie stets unbefriedigt. Speculationen und mit ihnen Hypothesen müssen sich ihr anreihen. Dass wir dabei den Boden des Realen verlassen müssen, hat die Philosophie zur Genüge erörtert, ebenso wie die Thatsache, dass uns die Brücke zwischen dem Realen, dem Sinnlichwahrgenommenen, und dem Idealen, dem Verstandesproducte, fehlt. Hier liegt eben die vielbesprochene Klippe unserer Erkenntniss, um welche von jeher der Skepticismus nicht herumkommen konnte, an welcher er wie ein Prometheus festgekettet liegt.

Eichler brach denn auch in richtiger Erkenntniss der Nothwendigkeit mit seiner, ich möchte sagen, Hypothesen- und Theorienscheu. Seine in den sechziger Jahren gelieferten Arbeiten erörtern fast ausschliesslich morphologische Probleme mit Hilfe von Hypothesen und Theorien, ja man kann wohl sagen, der wissenschaftliche Charakter und der Werth jener Arbeiten liegt gerade in den ihnen eigenen, theoretischen Speculationen. Eichler hat hier seine philosophische Sturm- und Drangperiode durchgemacht und ist frühzeitig zur geklärten Auffassung über die Speculation und ihre Nothwendigkeit gelangt.

Die Art wie nun Eichler das Verhältniss zwischen Empirie und Speculation auffasste, zeigen uns zwei Auslassungen des gereiften Forschers. In der Abhandlung über den Blütenbau von Canna (Bot. Ztg. 1873) hebt der Autor mit Nachdruck hervor, dass der baren Empirie nothwendig die Speculation zur Seite stehen müsse, „ohne letztere müsste man auf ein eigentliches Verständniss der organischen Welt verzichten." (l. c. p. 217.) Noch schärfer tritt diese Auffassung in der anlässlich der Enthüllungsfeier des Braun-Denkmals im Berliner botanischen Garten gehaltenen Rede hervor. Es heisst daselbst, es beginne doch einerseits die eigentliche Wissenschaft erst da, wo es gilt, die Thatsachen der Beobachtung und Erfahrung durch ein geistiges Band zu vereinen. Das geistige Band ist aber doch nichts anderes als die Speculation oder die aus ihr hervorgegangene Theorie.

Nun kann hier freilich der Einwurf gemacht werden, dass sich in dieser Auffassung noch keine Eigenartigkeit erblicken lasse. Diese

---

*) Man vergl. das Citat aus seiner Dissertation, p. 126.

tritt erst da zu Tage, wo das Wesen der Theorie und der Hypothese in Rechnung gezogen werden muss, insbesondere in der Art, wie das Verhältniss zwischen jenen und den Thatsachen zur Geltung kommt. Eichler hielt Theorien und Hypothesen nicht für Axiome, er legte ihnen keinerlei dogmatischen Werthe bei, vielmehr war er vom Anfang bis zum Ende seiner Laufbahn Feind jeden Dogmas. Theorien gegenüber kann man ihn vielmehr als Opportunisten und Praktiker in hervorragendstem Maasse nennen. Daher finden wir ihn immer bereit „sich belehren zu lassen", daher finden wir den wiederholten Wechsel seiner eigenen Ansichten, welcher, wenn man missliebig oder nicht freimüthig genug urtheilen möchte, zu einem gewissen Vorwurfe der Schwäche gemacht werden könnte. Diese Schwäche ist aber keineswegs vorhanden gewesen. Wenn Eichler seine Auffassungen in irgend einer Frage änderte, so war dies jedesmal der Ausdruck einer geänderten inneren Ueberzeugung, welche sich auf gute Gründe stützte. Im übrigen hielt er, wie auch Luerssen auf p. 252 des zweiten Bandes seiner Medic.-pharm. Botanik ganz treffend angibt, an dem Standpunkte fest, dass man eine Hypothese so lange festzuhalten berechtigt sei, als sie überhaupt noch möglich und nicht auf ganz unwidersprechliche Weise widerlegt sei.

Für morphologische Fragen suchte Eichler seine Theorien zunächst durch die Entwicklungsgeschichte zu stützen; so besonders in seiner Dissertation und den sich anschliessenden Arbeiten der Münchener Periode. Aber auch hier geht er nicht über das Maass des Zulässigen hinaus; auch die Entwicklungsgeschichte ist kein absolutes Kriterium.*) Sie lässt ja in vielen wichtigen Fragen überhaupt ganz im Stiche, so in allen den Fällen, wo das Wort „congenital" das non possumus deckt, wie in dem „congenitalen Dedoublement", in der „congenitalen Verwachsung", in der „congenitalen Uebergipfelung" und in der Lehre vom Abort und Ablass. Wenn nun auch die Entwicklungsgeschichte nicht alles zu leisten vermag, was man ihr zumuthen möchte, so verfällt Eichler auch nicht in das entgegengesetzte Extrem, der Entwicklungsgeschichte jeden Werth abzusprechen. Wo die Entwicklungsgeschichte im Stiche lässt, da tritt für ihn „das gute Recht der vergleichenden Untersuchung fertiger Zustände" ein.**) Die Entwicklungsgeschichte behält aber dabei den Werth eines der besten Hilfsmittel der vergleichenden Betrachtung.

Die Methode des Vergleichs ist Eichler entschieden die werthvollere, nicht nur in der Morphologie, sondern noch mehr in der Systematik geworden; letztere ist ja gerade das ausgedehnteste Operationsfeld für diese Methode. An sich betrachtet ist nun der Vergleich immer eine logische Thätigkeit; Eichler scheint sich also mehr und mehr von dem Standpunkte der „baren Empirie", von welchem er ausging, entfernt zu haben. Das ist in gewissem Sinne eine Täuschung, denn die Verwendbarkeit

*) Vergl. Bot. Ztg. 1876. p. 526.
**) Vgl. Floru. 1865. p. 455.

der vergleichenden Methode setzt eine breite empirische Basis
voraus, wenn Erspriessliches zu Wege gebracht werden soll.
Eichler fehlte es an dieser Basis nicht, wie wir schon früher
hervorgehoben haben, er ist also in erster Linie „vergleichender
Morphologe" und „vergleichender Systematiker".*)

Gründe des Vergleichs im Verein mit solchen der entwicklungsgeschichtlichen Beobachtung gibt Eichler wiederholt als
zwingende Gründe an. Neben solchen führt er noch die Gründe
einer grösseren oder geringeren Wahrscheinlichkeit in's Feld.**)
Diese werden von besonderer Bedeutung in allen den Fällen, wo
eine sichere Entscheidung zur Unmöglichkeit wird, wie in den
Erörterungen über die Deutung der Coniferenblüte. Eichler
entfernt sich hier am weitesten vom ursprünglichen Standpunkte
des Empirikers; andererseits aber entspringt diese Stellungnahme
dem praktischen Bedürfnisse, welches mehr und mehr Einfluss
gewann: Besser wir denken uns etwas mit dem Bewusstsein, dass
es einst besseres geben wird, als dass wir uns gar nichts denken.

Uebrigens kann auch die Zulassung von Wahrscheinlichkeits-
gründen auf dem Wege zur Erkenntniss nicht als anstössig erklärt
werden. Wenn man mit Eichler die Wissenschaft in dem
geistigen Verbinden der Thatsachen der Empirie erblickt, so baut
man die Wissenschaft auf logische Fundamente auf und begnügt
sich damit, einer relativen Wahrheit unserer Erkenntniss entgegen-
zusteuern. Diese Art der Wahrheit hat aber immer nur einen
Wahrscheinlichkeitswerth, Eichler verfährt also wissenschaftlich
consequent, wenn er Gründe der Wahrscheinlichkeit anerkennt,
deren Grenzen bekanntlich Unmöglichkeit und absolute Realität
bilden.

Dieser philosophischen Stellungnahme entspricht nun ganz die
klare Auffassung, welche Eichler bezüglich der Darwin'schen
Naturanschauung hegte. Eichler's Lehrer Wigand war bekanntlich ein Gegner derselben; Eichler selbst stand auf der
Seite Darwin's. Die Descendenzlehre hatte für Eichler reale
Bedeutung, ohne dass er Enthusiast gewesen wäre; er blieb auch
hier wieder der nüchterne Beurtheiler. Das tritt namentlich
wiederholt bei der Erörterung des Begriffes der Phylogenesis hervor, welche Eichler in der Polemik gegen Reuther als ein
modernes Schlagwort bezeichnet †), mit welchem man oft mehr zu
erreichen wähne, als man wirklich leisten kann, denn „all das
sogenannte phylogenetische Beweisverfahren, es ist bei Lichte be-
sehen nichts anderes als die längst geübte Analogienmethode der
vergleichenden Forschung". Die phylogenetische Forschung hat
also auch nur den Werth logischer Erörterung, da man die
„phylogenetischen Thatsachen" überhaupt nicht beobachten kann.
Uebrigens hatte sich Eichler schon früher (Bot. Ztg. 1873. p. 241
Anm.) über den Werth der phylogenetischen Untersuchungen aus-

---

*) Man wolle diesen etwas tautologischen Zusatz gestatten. Verf.
**) Vgl. Flora. 1863. p. 101. Anm.
†) Vgl. Botan. Zeitg. 1876. p. 518.

gesprochen. Er kritisirte mit schneidiger Logik die „neue" Methode, die nichts anderes sei als „vergleichende Morphologie unter beständiger Berücksichtigung der Entwicklungsgeschichte unter Zugrundelegung der Descendenztheorie". Eichler ist also Anhänger der Darwin'schen Lehre, weil er wie viele andere Gelehrte der vordarwinianischen Periode in ganz gleichem Sinne dachte und logisch operirte. Daher spricht denn Eichler selbst auch später von der „phylogenetischen Berechtigung"*), welche im Wesentlichen mit den logischen Principien übereinstimmt, welche sein Denken beherrschten.

Nicht ohne Interesse dürfte es endlich sein, wenn wir Eichler's Stellungnahme zu der mechanischen Auffassung der Erscheinungen, speciell innerhalb der botanischen Forschung, berühren. Wir finden ihn auch hier weder als principiellen Gegner noch als unbedingten Verfechter mechanischer Erörterungen, wie er denn überhaupt kein Principienanhänger war. Wäre die Mechanik im Stande, ohne Hypothesen, die man hier gern mit dem weniger anstössigen Namen Voraussetzungen zu belegen gewohnt ist, ihre Beweise zu führen, so wäre Eichler gewiss der vorurtheilsfreieste Anhänger der mechanischen Richtung in der Botanik geworden. Druckwirkungen liess er als Erklärungsgründe, ja als ausschlaggebende Factoren in seinen Deutungen wiederholt zu. So lässt er die $1/2$-Stellung der Blätter von Liriodendron durch Druckwirkungen beim Entfalten in $2/5$-Stellung übergehen; die Zweikieligkeit des adossirten Vorblattes vieler Monokotylen wird als eine Druckwirkung hingestellt. Es beweisen diese und andere Angaben, dass Eichler mechanischen Theorien nicht unsympathisch gegenüberstand. Reizerscheinungen und Druck sollen ja auch die Ausbildung der Zapfenschuppen der Abietineen beeinflussen. Andererseits aber war Eichler der Ansicht, dass sich schlechterdings bei den Pflanzen nicht alles vom mechanischen Gesichtspunkte aus verstehen lasse.**)

Nach allem diesem wird man zugeben müssen, dass Eichler's philosophische Auffassungen durchaus klar genannt werden müssen; er war kein blinder Verfechter von Ansichten, weder seiner eigenen, noch anderer. Er suchte überall prüfend das Beste, ohne in Extreme zu verfallen. Er lebte immer in dem Bewusstsein, dass unsere subjective Erkenntniss eine durch den Standpunkt des menschlichen Wissens bedingte sei. In diesem Erkennen unserer Schwäche lag zugleich eine gewisse Stärke, denn sie liess die praktische Seite um so intensiver zur Geltung kommen.

Ich möchte, um dies letztere zu erweisen, nur einige Beispiele herausgreifen. In der Frage nach der Deutung der Abietineenfruchtschuppe entscheidet sich Eichler für seine an anderer Stelle erörterte Ansicht wegen
1. der äusseren Erscheinung,
2. der Entstehungsweise,

---
*) Vgl. Ber. der Deutsch. bot. Ges. 1886. p. 41.
**) Vgl. Bot. Ztg. 1876. p. 517.

3. der anatomischen Verhältnisse,
4. der Analogie der verwandten Coniferengattungen,
5. der Einfachheit der Deutung.

Man wird hier unschwer die Grundzüge des Eichler'schen Denkens wiedererkennen. Die aus der äusseren Erscheinung, der Entstehungsweise und den anatomischen Verhältnissen gezogenen Folgerungen gründen sich auf das Empirische, sie sind morphologisch-entwicklungsgeschichtlicher Natur. Die aus der Analogie abstrahirten Folgerungen entsprechen dem rein speculativen Standpunkte der phylogenetisch-vergleichenden Methode. Nun tritt aber unter 5. noch hinzu die Berücksichtigung der „Einfachheit" der Deutung. Diese „Einfachheit" ist natürlich nur ein Postulat unseres praktischen Verstandes; ob Gründe der Einfachheit aber eine reale Berechtigung haben, möchte ich im allgemeinen bezweifeln, jedenfalls liesse sich darüber streiten.

Auch in der Bearbeitung der „Blütendiagramme" wird man vielfach Eichler als den Praktiker antreffen, denn auch hier entscheidet er sich oftmals aus Gründen der Einfachheit. Uebrigens brauche ich hier nur wieder an die schon oben erörterten Ideen von der einheitlichen Deutung der Ovula, der Placenten, der Staubblätter etc. zu erinnern. Dass sich Eichler vorübergehend dieser einheitlichen Deutung anschloss, lag sicher zum guten Theile in dem Reiz, den die Einfachheit auf den praktischen Verstand jederzeit ausübt.

Ich möchte hier noch einen weiteren Beleg für das praktische Streben, welches Eichler's Arbeiten erkennen lassen, anführen, weil er uns mit der Auffassung des Eichler'schen Systemes und der Systematik überhaupt in's Klare bringt.

Eichler hat sich, soviel mir bekannt, in seinen Schriften zweimal über den Werth und die Bedeutung der Systematik ausgesprochen; einmal in dem Nachrufe auf Martius*), sodann in der akademischen Antrittsrede von 1880. Er weist hier zunächst die oft, besonders seit Schleiden's Auftreten geäusserte Ansicht zurück, dass die Systematik nicht eigentlich eine Wissenschaft sei, als vielmehr eine dem praktischen Bedürfniss dienstbare Technik des Pflanzenunterscheidens, -Benennens und -Beschreibens. „So wäre es in der That für den, der an die Constanz der Arten und deren selbständige Erschaffung glaubte; anders jedoch, wenn man, wie der Naturforscher nicht anders kann und darf, auch für die organische Welt eine natürliche Entstehung und damit die Descendenztheorie annimmt. Der Begriff „Verwandtschaft" erlangt alsdann reale Bedeutung, das System wird zum Stammbaum, die Systematik zur Entstehungsgeschichte. Nichts kann wissenschaftlicher sein als solche Forschung."

So hat nun die Systematik ein schönes, weitgestecktes Ziel, sie will die reale Verwandtschaft der organischen Gebilde aufklären! Fragen wir nun, wie weit wir es darin gebracht haben, dann müssen wir uns immerhin gestehen, dass das Ziel noch recht,

*) Flora. 1869. p. 11–12.

recht weit entfernt liegt; ja, und das ist etwas deprimirender, wir müssen selbst zugestehen, dass das Ziel uns unerreichbar ist, schon aus logischen Gründen, „da das System immer nur eine Aneinanderreihung darstellt, welche die natürliche Verzweigung des Systemes nicht zum Ausdruck zu bringen vermag."*) Nun wäre es freilich thöricht, wollte man deshalb Kopfhänger sein und die Flinte in's Korn werfen, das heisst systematische Forschung aufgeben. Auf allen Gebieten der Wissenschaft liegen die Ziele unendlich fern, wir werden sie immer wieder ferner rücken, wenn wir uns ihnen genähert haben sollten, das kann am rüstigen Vorwärtsstreben nicht hindern. Wir bescheiden uns als Menschen dasjenige zu erreichen, was innerhalb der Grenzen unserer Erkenntnissfähigkeit liegt, das heisst aber wieder nichts anderes, als dass wir dem praktischen Verstande Rechnung tragen. So verzichtete denn auch Eichler nicht auf die Aufstellung eines Systemes, obwohl ihm die theoretischen Bedenken, die wir eben erörtert haben, klar genug waren**), und erklärte vom praktischen Standpunkte aus: „Es wird dasjenige System das beste sein, welches den jeweiligen Kenntnissen von der Verwandtschaft am meisten Rechnung trägt."

Nach dem eben Erwähnten darf man es wohl als eine fast selbstverständliche Folgerung ansehen, dass derselbe Forscher, welcher in seinen wissenschaftlichen Erörterungen den praktischen Rücksichten vollbewusst ihr Recht werden liess, auch als Verwalter der ihm unterstellten Staatsinstitute mit seltener praktischer Begabung am Platze war. Im vollsten Maasse gilt das für die berliner Aera. Wir können hier zunächst auf die von Eichler selbst verfassten Berichte über die Arbeiten und Veränderungen im königl. botanischen Garten zu Berlin, welche in dem Jahrbuch desselben (Bd. I und III) niedergelegt sind, verweisen. Wir erfahren daraus, welche baulichen Neuerungen, welche Veränderungen in den Freilandpflanzungen und welche sonstigen Arbeiten im Garten in die Aera Eichler's fallen, nicht aber das hohe persönliche Verdienst, welches dem Leiter selbst dabei zugesprochen werden muss. In Wirklichkeit entzieht sich auch hier mehr als irgend wo die erschöpfende Schilderung der Möglichkeit, hier heisst es „sehen und gesehen haben". Nur wer den berliner Garten von 1877 und dann von 1887 gesehen hat, wird die ausserordentlich segensreiche Verwaltung Eichler's bemessen können, und doch sind ihm gerade hier, wo seine erspriessliche Thätigkeit am augenfälligsten, am handgreiflichsten zu Tage getreten ist, lange Zeit während seiner Lebenszeit die widerwärtigsten Aergernisse bereitet worden, ja nach seinem Tode noch versuchte man Verunglimpfungen in die Welt zu schleudern.

In erster Linie war es der Neubau des botanischen Museums welcher in Eichler's Gartenregime fiel. Die Baupläne waren bereits unter Alexander Braun's Directorat fertig gestellt

---

*) Syllabus. 4. Aufl. Einleitung.
**) Man vgl. Eichler, Syllabus. 4. Aufl. Einleitung.

worden. Eichler fiel die Aufgabe der inneren Einrichtung zu.
Dieser Aufgabe widmete er sich denn auch mit voller und ganzer
Hingabe, mit grösster Liebe und Sorgfalt und — wir können es
mit stolzem Bewusstsein behaupten — mit Sachkenntniss und
ausserordentlichem Erfolge. Die ganze innere Einrichtung des
Museums ist Eichler's Werk. Er erörterte die unscheinbarsten
wie die augenfälligsten Fragen, mit denen er sich oft Tage lang
beschäftigte, ehe er sich für die Ausführung in der einen oder
der anderen Form entschied. Die Form der Schränke, die Aufstellung derselben, die Art ihres Verschlusses, die Verschlussform
der Herbarmappen, die Etikettirung und tausend andere Fragen
— alles ist reiflich hin und her erwogen worden, um das Praktischste ausfindig zu machen. Eichler hing denn auch mit
grosser Liebe an seiner eigenen Schöpfung, die ihm eine Quelle
gerechten Stolzes und verdienter Freude wurde.

In nicht minderem Maasse hat sich Eichler um den Bau
und die Ausstattung des neuen, 1883 errichteten Victoriahauses
des botanischen Gartens gemacht. Er war nicht der Mann, der
sich etwa vom Baumeister die Pläne ausarbeiten liess, um sie
dann von seinem Standpunkte aus zu beurtheilen und Unzweckmässigkeiten zu beanstanden. Vielmehr sind die ganzen Pläne
von ihm selbst ausgegangen. Eichler hatte sich durch eingehende
Studien nach der rein technischen Seite hin geradezu zu einem
umsichtigen Bautechniker gemacht, welcher auch hier die leitende
Idee selbst in Einzelheiten zu geben wusste.

Was die sonstigen Veränderungen des berliner Gartens betrifft, so sind als Eichler'sche Schöpfungen zu nennen die Herstellung eines Alpinums (1878—1879), die Anlage einer Abtheilung
für Arznei- und Giftpflanzen, sowie die Anlage einer Abtheilung
für anderweitige Nutzpflanzen (Cerealien, Gemüse- und Küchenpflanzen, Handelsgewächse etc. enthaltend). Für das Laienpublikum
und nicht minder für den Fachgelehrten gleich interessant und
lehrreich erwies sich die Zusammenstellung geographischer Pflanzengruppen. Eine letzte Schöpfung war die Anlage eines Paludariums,
in welchem unsere heimischen Sumpf- und Wasserpflanzen in ihren
typischen Vertretern dem Gartenbesucher zugänglich gemacht
werden sollen. Allen diesen Einrichtungen wusste nun Eichler
auch nach aussen hin den rechten Anstrich durch mannichfache
Terrainregulirungen, durch eifriges Chaussiren der Gartenwege,
Schaffung ausgedehnter Rasenflächen mit geschickter Verwendung
von Zierbeeten und Solitärpflanzen zu geben. Selbst die mit
grossen Kosten in den Jahren 1881—84 neu erbaute Umfassungsmauer des Gartens darf hier nicht vergessen werden. Auch ihre
Ausführung ist ganz nach Eichler'schen Ideen und Angaben
geschehen. So wusste denn Eichler in seltener Weise den
ästhetischen Bedürfnissen Rechnung zu tragen, ohne dass dadurch
den praktischen Zielen der geringste Abbruch gethan worden
wäre.

Ideale und sichtbare Denkmäler seiner Wirksamkeit hat
Eichler der Nachwelt hinterlassen. Ihm selbst war es nicht

vergönnt, die Periode des ruhelosen Schaffens zu überleben und sich der Früchte seines Fleisses in behaglicher Beschaulichkeit, getragen von jenem Frohgefühl der inneren Befriedigung, welches als höchster Lohn dem gelungenen Werke folgt, zu erfreuen. Der Schatten der Bäume, welche unter seiner Leitung gepflanzt wurden, wird spätere Geschlechter laben; der sonnige Schein aber, den sein Bildniss und die Erinnerung an seine Gegenwart in uns erweckt, möge er nicht erblassen in allen denen, welche den seltenen Mann gekannt haben.

Ehre, dem Ehre gebührt!

A. W. Eichler's botanische Arbeiten.

Von

Dr. Ign. Urban.

1861.

Zur Entwicklungsgeschichte des Blattes mit besonderer Berücksichtigung der Nebenblattbildungen. Marburger Inaugural-Dissertation. 8°. 60 pp. 2 Taf.

1862.

Ueber die Bedeutung der Schuppen an den Fruchtzapfen der Araucarien. (Flora. 1862. p. 369—380. T. II—III.)

1863.

Dilleniaceae. (Mart. Flor. Bras. XIII. 1. [Fasc. 31.] p. 65—120. T. 15—27.)

Cycadeae et Coniferae. (Ibidem. IV. 1. [Fasc. 34.] p. 409—492. T. 108—115.)

Bewegung im Pflanzenreiche. Populärer Vortrag. (Abgedruckt im Jahresbericht der bayerischen Gartenbaugesellschaft. 28 pp.)

1864.

Menispermaceae americanae. (Flora. 1864. p. 385—396.)

Versuch einer Charakteristik der natürlichen Familie Menispermaceae. (Denkschr. der bot. Ges. zu Regensburg. 1864. V. p. 1—42. Mit 1 Tfl.)

On the formation of the flower in the Gymnosperm (translated by T. Thomson). (The Natur. Hist. Review. 1864. p. 270—290.)

Bemerkungen über die Structur des Holzes von Drimys und Trochodendron, sowie über die systematische Stellung der letzteren Gattung. (Flora. 1864. p. 449—458.)

Magnoliaceae, Winteraceae, Ranunculaceae, Menispermaceae, Berberideae. (Mart. Flor. Bras. XIII. 1. [Fasc. 36.] p. 121—236. T. 23—53.)

Repertorium der periodischen botanischen Litteratur. (Beiblatt zur Flora. 1864—1873.)

1865.

Nachtrag zu meinem Aufsatz betreffend die systematische Stellung von Trochodendron. (Flora. 1865. p. 12—15.) Uebersetzt in Seemann's Journ. of bot. III. 1865. p. 150—154 unter dem Titel: On the systematic position of the natural order Trochodendreae.
Ueber die Bewegung des Saftes bei den Pflanzen. (Vorgetragen in der bayer. Gartenbaugesellschaft. 12 pp.)
Ueber den Blütenbau der Fumariaceen, Cruciferen und einiger Capparideen. (Flora. 1865. p. 433—444, 449—460, 497—508, 513—521, 529—536, 545—568. T. V—IX.)
Capparideae, Cruciferae, Papaveraceae, Fumariaceae. (Mart. Flor. Bras. XIII. 1. [Fasc. 39.] p. 237—344. T. 54—68.)

1866.

Thiloa und Buchenavia, zwei neue Gattungen der Combretaceen. (Flora. 1866. p. 145—152, 161—167. T. III.)

1867.

Combretaceae. (Mart. Flor. Bras. XIV. 2. [Fasc. 43.] p. 77—128. T. 23—35.)
Ein neues Vorkommen polycotyledonischer Embryonen. (Flora. 1867. p. 465—466.)

1868.

Loranthaceae. (Mart. Flor. Bras. V. 2. [Fasc. 44.] p. 1—136. T. 1—44.)
Oleaceae et Jasmineae. (Ibidem. VI. 1. [Fasc. 45.] p. 301—328. T. 83—85.)
Lathrophytum, ein neues Balanophoreengeschlecht aus Brasilien. (Botan. Zeitg. XXVI. p. 513—520, 529—537, 545—552. T. IX.)

1869.

Carl Friedrich Philipp von Martius. Nekrolog. (Flora. 1869. p. 3—13, 17—24.)
Einige Bemerkungen über den Bau der Cruciferenblüte und das Dédoublement. (Flora. 1869. p. 97—109. T. I.)
Das Herbarium Martii. Als Manuscript gedruckt. München. 24 pp.
Anzeige über Car. Frid. Phil. Martii Flora Brasiliensis. (Flora. 1869. p. 145—155.)
Balanophoreae. (Mart. et Eichl. Flor. Bras. IV. 2. [Fasc. 47.] p. 1—74. T. 1—16.)

1870.

Ueber die Blattstellung einiger Alsodeien. (Flora. 1870. p. 401—409. T. IV.)

1871.

Violaceae, Sauvagesiaceae, Bixaceae, Cistaceae, Canellaceae. (Mart. et Eichl. Flor. Bras. XIII. 1. [Fasc. 55.] p. 345—526. T. 69—105.)

1872.

Crassulaceae et Droseraceae. (Mart. et Eichl. Flor. Bras. XIV. 2. [Fasc. 58.] p. 377—398. T. 89—91.)
Abermals einige Bemerkungen über die Cruciferenblüte. (Flora. 1872. p. 328 - 334.)
Abermals ein neues Balanophoreengeschlecht (Bdallophytum). (Botan. Zeitg. XXX. p. 709 — 714.)

1873.

Ueber den Blütenbau von Canna. (Botan. Zeitg. XXXI. p. 177—189, 193—198, 209 — 218, 225—232, 241—247. T. II.)
Sind die Coniferen gymnosperm oder nicht? (Flora. 1873. p. 241— 247, 260—272.)
Balanophoraceae in de Candolle's Prodr. XVII. 1873. p. 117— 150.)

1875.

Notiz über Bdallophytum. (Botan. Zeitg. XXXIII. p. 123—126.)
Blütendiagramme I. Theil. VIII und 348 pp. Leipzig (Wilhelm Engelmann).

1876.

Syllabus der Vorlesungen über Phanerogamen-Kunde. Zum Gebrauche der Studirenden. 36 pp. Kiel (Schwers).
Wider E. Reuther's Beiträge zur Entwicklungsgeschichte der Blüte. (Botan. Zeitg. XXXIV. p. 513 - 527. Mit 4 Holzschn.)
Besprechung von „S. Stenzel's Beobachtungen an durchwachsenen Fichtenzapfen". (Flora. 1876. p. 392—399.)

1878.

Blütendiagramme. II. Theil. XX und 575 pp. Leipzig (Wilhelm Engelmann).
Ueber Ouvirandra Hildebrandtii hort. Berol. (Sitzungsbericht der Ges. naturf. Freunde in Berlin. 1878. p. 193—195.)

1879.

Ouvirandra Hildebrandtii hort. Berol. (Monatsschr. des Vereins zur Bef. des Gartenb. XXII. p. 6—12. T. I.)
Ueber Samen von Ceratozamia mexicana. (Sitzungsbericht der Ges. naturf. Freunde in Berlin. 1879. p. 7.)
Rede bei der Enthüllung des Denkmals von Alexander Braun im Kgl. botanischen Garten zu Berlin am 17. Juni 1879. (Verhandl. des bot. Ver. der Prov. Brandenburg. XXI. p. XI—XIV.)
Ueber gefüllte Blüten von Campanula Medium L. (l. c. p. 105—106.)
Ueber die Inflorescenz von Tacca cristata Jack. (l. c. p. 106—108. Mit Holzschn.)

1880.

Ueber Wuchsverhältnisse der Begonien. (Sitzungsbericht der Ges. naturf. Freunde in Berlin. 1880. p. 35 - 44. Mit 3 Holzschn.)
Zur Kenntniss von Encephalartos Hildebrandtii A. Br. et Bché. (Monatsschrift des Ver. zur Bef. des Gartenb. XXIII. p. 50—54. T. 1.)
Ueber die Blattstellung bei Liriodendron tulipifera. (Sitzungsbericht des bot. Ver. der Prov. Brandbg. XXII. p. 82—84. Mit Holzschn.)

Antrittsrede (gelegentlich seines Eintritts in die Akademie). (Monatsbericht kgl. Akad. der Wiss. in Berlin. 1880. p. 623—625.)
Ueber einige zygomorphe Blüten. (Sitzungsbericht der Ges. naturf. Freunde in Berlin. p. 135—141. Mit 3 Holzschn.)
Ueber die Schlauchblätter (Ascidien) von Cephalotus follicularis Labill. (l. c. p. 174—176.)
Syllabus der Vorlesungen über specielle und medicinisch-pharmaceutische Botanik. II. vermehrte und umgearbeitete Auflage. 47 pp. Berlin (Gebr. Bornträger).

1881.

Beschreibung des neuen botanischen Museums. (Jahrb. Berl. bot. Gart. I. p. 165—170. T. III und 2 Holzschn.)
Ueber einige Inflorescenz-Bulbillen. (l. c. p. 171—177. T. IV.)
Ueber Beisprosse ungleicher Qualität. (l. c. p. 178—187.)
Zum Verständniss der Weinrebe. (l. c. p. 188—192. T. V.)
Ueber die Schlauchblätter von Cephalotus follicularis Labill. (l. c. p. 193—197. Mit 2 Holzschn.)
Ueber die weiblichen Blüten der Coniferen. (Monatsbericht kgl. Akad. der Wiss. in Berlin. 1881. p. 1020—1049. 1 Taf. und in Sitzungsbericht des bot. Ver. der Prov. Brandbg. XXIII. p. 75—78.)

1882.

Ueber Bildungsabweichungen bei Fichtenzapfen. (Sitzungsbericht kgl. Akad. der Wiss. in Berlin. p. 40—57. T. I und in Sitzungsbericht des bot. Ver. der Prov. Brandbg. XXIV. p. 2—4.)
Ueber gefüllte Blüten von Platycodon. (Sitzungsbericht der Ges. naturf. Freunde in Berlin. p. 20—21.)
Entgegnung auf die Abhandlung Čelakovský's „Zur Kritik der Ansichten von der Fruchtschuppe der Abietineen". (l. c. p. 77—92. Mit 3 Holzschn.)

1883.

Ueber Myrmecodia echinata Gaud. und Hydnophytum montanum Bl. von Java. (Sitzungsbericht der Ges. naturf. Freunde in Berlin. 1883. p. 26—27.)
Lepidozamia Peroffskyana Rgl. (Gartenzeitung. II. p. 38—42. Mit Holzschn.)
Beiträge zur Morphologie und Systematik der Marantaceen. (Abhandl. kgl. Akad. der Wiss. in Berlin. 1883. 99 pp. 7 Taf.)
Ueber die Untersuchungen Treub's über Myrmecodia echinata Gaud. (Sitzungsberichte der Ges. naturf. Freunde in Berlin. 1883. p. 102—105.)
Ein neues Dioon (D. spinulosum Dyer). (Gartenzeitg. II. p. 411—413.)
Anona rhizantha n. sp. (Jahrb. Berl. bot. Garten. II. p. 320—323. T. XI)
Ueber die Gattung Disciphania Eichl. (l. c. p. 324—329. T. XII.)
Syllabus der Vorlesungen über specielle und medicinisch-pharmaceutische Botanik. 3. verbesserte Aufl. 54 pp. Berlin (Gebr. Bornträger).

1884.

Ueber den Blütenbau der Zingiberaceen. (Sitzungsbericht kgl. Akad. der Wiss. in Berlin. 1884. p. 585—600. T. V.)

Bildungsabweichungen bei einer Zingiberaceenblüte. (Berichte der
Deutschen botan. Gesellsch. II. p. 417—419. Mit Holzschn.)

1885.

Ueber Lathrophytum Peckoltii Eichl. (Sitzungsbericht der
Ges. naturf. Freunde in Berlin. 1885. p. 25—27.)
Ueber abnorme Blüten einer Maranta-Art. (l. c. p. 27—28. Mit
Holzschn.)
Zur Entwicklungsgeschichte der Palmenblätter. (Abhandl. kgl. Akad.
der Wiss. in Berlin. 1885. 24 pp. 5 Taf.)

1886.

Syllabus der Vorlesungen über specielle und medicinisch-pharmaceutische
Botanik. IV. verbesserte Auflage. 68 pp. Berlin (Gebr. Bornträger).
Verdoppelung der Blattspreite bei Michelia Champaca L., nebst Bemerkungen über verwandte Bildungen. (Berichte der Deutschen
botan. Ges. IV. p. 37—41. T. II.)
Ueber die Verdickungsweise der Palmenstämme. (Sitzungsbericht kgl.
Akad. der Wiss. in Berlin. 1886. p. 501—509. T. V.)

1887.

Cycadaceae, Coniferae und Guetaceae in Eugler's und Prantl's
natürliche Pflanzenfamilien. II. 1. p. 6—23, 28—33, 41—52, 64—
113, 116—127.

Druck von Friedr. Scheel, Cassel.